中外哲學典籍大全

總主編 李鐵映 王偉光

中國哲學典籍卷

經部春秋類

春秋師說

〔元〕黃澤 著

〔元〕趙汸 編

張立恩 點校

中國社會科學出版社

圖書在版編目（CIP）數據

春秋師説／張立恩點校．—北京：中國社會科學出版社，2020.9
（中外哲學典籍大全．中國哲學典籍卷）
ISBN 978－7－5203－5608－4

Ⅰ.①春…　Ⅱ.①張…　Ⅲ.①中國歷史—春秋時代—編年體
②《春秋》—研究　Ⅳ.①K225.04

中國版本圖書館CIP數據核字（2019）第255935號

出 版 人　趙劍英
項目統籌　王　茵
責任編輯　王　茵
特約編輯　崔芝妹
責任校對　李凱凱
責任印製　王　超

出　　版　中国社会科学出版社
社　　址　北京鼓樓西大街甲158號
郵　　編　100720
網　　址　http://www.csspw.cn
發 行 部　010－84083685
門 市 部　010－84029450
經　　銷　新華書店及其他書店

印　　刷　北京君昇印刷有限公司
裝　　訂　廊坊市廣陽區廣增裝訂廠
版　　次　2020年9月第1版
印　　次　2020年9月第1次印刷

開　　本　710×1000　1/16
印　　張　12
字　　數　126千字
定　　價　45.00元

中外哲學典籍大全

「中國哲學典籍卷」

學術委員會

主　任　陳　來　趙汀陽　謝地坤　李存山　王　博

委　員（按姓氏拼音排序）

白　奚　陳壁生　陳　静　陳立勝　陳少明　陳衛平　陳　霞　丁四新　馮顔利

干春松　郭齊勇　郭曉東　景海峰　李景林　李四龍　劉成有　劉　豐　王中江

王立勝　吴　飛　吴根友　吴　震　向世陵　楊國榮　楊立華　張學智　張志强

鄭　開

項目負責人　張志强

提要撰稿主持人　劉　豐　趙金剛

提要英譯主持人　陳　霞

總序

中外哲學典籍大全

中外哲學典籍大全的編纂，是一項既有時代價值又有歷史意義的重大工程。

中華民族經過了近一百八十年的艱苦奮鬥，迎來了中國近代以來最好的發展時期，迎來了奮力實現中華民族偉大復興的時期。中華民族衹有總結古今中外的一切思想成就，才能並肩世界歷史發展的大勢。爲此，我們須編纂一部匯集中外古今哲學典籍的經典集成，爲中華民族的偉大復興、爲人類命運共同體的建設、爲人類社會的進步，提供哲學思想的精粹。

哲學是思想的花朵，文明的靈魂，精神的王冠。一個國家、民族，要興旺發達，擁有光明的未來，就必須擁有精深的理論思維，擁有自己的哲學。哲學是推動社會變革和發展的理論力量，是激發人的精神砥石。哲學解放思維，净化心靈，照亮前行的道路。偉大的時代需要精邃的哲學。

一　哲學是智慧之學

哲學是什麽？這既是一個古老的問題，又是哲學永恒的話題。追問哲學是什麽，本身就是「哲學」問題。從哲學成爲思維的那一天起，哲學家們就在不停追問中發展、豐富哲學的篇章，給出一個又一個答案。每個時代的哲學家對這個問題都有自己的詮釋。哲學是什麽，是懸疑在人類智慧面前的永恒之問，這正是哲學之爲哲學的基本特點。

哲學是全部世界的觀念形態，精神本質。人類面臨的共同問題，是哲學研究的根本對象。本體論、認識論、世界觀、人生觀、價值觀、實踐論、方法論等，仍是哲學的基本問題和生命力所在！哲學研究的是世界萬物的根本性、本質性問題。人們可以給哲學做出許多具體定義，但我們可以嘗試用「遮詮」的方式描述哲學的一些特點，從而使人們加深對何爲哲學的認識。

哲學不是玄虛之觀。哲學來自人類實踐，關乎人生。哲學對現實存在的一切追根究底、「打破砂鍋問到底」。它不僅是問「是什麽」（being），而且主要是追問「爲什麽」（why），特别是追問「爲什麽的爲什麽」。它關注整個宇宙，關注整個人類的命運，關注人生。它關心柴米油鹽醬醋茶和人的生命的關係，關心人工智能對人類社會的挑戰。哲學是對一切實踐經驗的理論升華，它關心具體現象背後的根據，關心人類如何會更好。

哲學是在根本層面上追問自然、社會和人本身，以徹底的態度反思已有的觀念和認識，從價值理想出發把握生活的目標和歷史的趨勢，展示了人類理性思維的高度，凝結了民族進步的智慧，寄託了人們熱愛光明、追求真善美的情懷。道不遠人，人能弘道。哲學是把握世界、洞悉未來的學問，是思想解放、自由的大門！

古希臘的哲學家們被稱爲「望天者」，亞里士多德在形而上學一书中説，「最初人們通過好奇—驚讚來做哲學」。如果説知識源於好奇的話，那麽産生哲學的好奇心，必須是大好奇心。這種「大好奇心」衹爲一件「大事因緣」而來，所謂大事，就是天地之間一切事物的「爲什麽」。哲學精神，是「家事、國事、天下事，事事要問」，是一種永遠追問的精神。

哲學不衹是思維。哲學將思維本身作爲自己的研究對象，對思想本身進行反思。哲學不是一般的知識體系，而是把知識概念作爲研究的對象，追問「什麽才是知識的真正來源和根據」。哲學的「非對象性」的思想方式，不是「純形式」的推論原則，而有其「非對象性」之對象。哲學之對象乃是不斷追求真理，是一個理論與實踐兼而有之的過程，是認識的精粹。哲學追求真理的過程本身就顯現了哲學的本質。天地之浩瀚，變化之奥妙，正是哲思的玄妙之處。

哲學不是宣示絶對性的教義教條，哲學反對一切形式的絶對。哲學解放束縛，意味著從一切思想教條中解放人類自身。哲學給了我們徹底反思過去的思想自由，給了我們深刻洞察未來的思想能力。哲學就是解放之學，是聖火和利劍。

哲學不是一般的知識。哲學追求「大智慧」。佛教講「轉識成智」，識與智相當於知識與哲學的關係。一般知識是依據於具體認識對象而來的、有所依有所待的「識」，而哲學則是超越於具體對象之上的「智」。

公元前六世紀，中國的老子説，「大方無隅，大器晚成，大音希聲，大象無形，道隱無名。夫唯道，善貸且成」。又説，「反者道之動，弱者道之用。天下萬物生於有，有生於無」。對道的追求就是對有之爲有、無形無名的探究，就是對天地何以如此的探究。這種追求，使得哲學具有了天地之大用，具有了超越有形有名之有限經驗的大智慧。這種大智慧、大用途，超越一切限制的籬笆，達到趨向無限的解放能力。

哲學不是經驗科學，但又與經驗有聯繫。哲學從其作爲學問誕生起，就包含於科學形態之中，是以科學形態出現的。哲學是以理性的方式、概念的方式、論证的方式來思考宇宙人生的根本問題。在亞里士多德那裏，凡是研究實體（ousia）的學問，都叫作「哲學」。而「第一實體」則是存在者中的「第一個」。研究第一實體的學問稱爲「神學」，也就是「形而上學」，這正是後世所謂「哲學」。一般意義上的科學正是從「哲學」最初的意義上贏得自己最原初的規定性的。哲學雖然不是經驗科學，却爲科學劃定了意義的範圍、指明了方向。哲學最後必定指向宇宙人生的根本問題，大科學家的工作在深層意義上總是具有哲學的意味，牛頓和愛因斯坦就是這樣的典範。

哲學不是自然科學，也不是文學藝術，但在自然科學的前頭，哲學的道路展現了；在文學藝術的山頂，哲學的天梯出現了。哲學不斷地激發人的探索和創造精神，使人在認識世界的過程中，不斷達到新境界，在改造世界中從必然王國到達自由王國。

哲學不斷從最根本的問題再次出發。哲學史在一定意義上就是不斷重構新的世界觀、認識人類自身的歷史。哲學的歷史呈現，正是對哲學的創造本性的最好説明。哲學史上每一位哲學家對根本問題的思考，都在爲哲學添加新思維、新向度，猶如爲天籟山上不斷增添一隻隻黄鸝翠鳥。

如果説哲學是哲學史的連續展現中所具有的統一性特徵，那麼這種「一」是在「多」個哲學的創造中實現的。如果説每一種哲學體系都追求一種體系性的「一」的話，那麼每種「一」的體系之間都存在着千絲相聯、多方組合的關係。這正是哲學史昭示於我們的哲學多樣性的意義。多樣性與統一性的依存關係，正是哲學尋求現象與本質、具體與普遍相統一的辯證之意義。

哲學的追求是人類精神的自然趨向，是精神自由的花朵。哲學是思想的自由，是自由的思想。

中國哲學，是中華民族五千年文明傳統中，最爲内在的、最爲深刻的、最爲持久的精神追求和價值觀表達。中國哲學已經化爲中國人的思維方式、生活態度、道德準則、人生追求、精神境界。中國人的科學技術、倫理道德，小家大國、中醫藥學、詩歌文學、繪畫書法、武術拳法、鄉規民俗，乃至日常生活也都浸潤着中國哲學的精神。華夏文化雖歷經磨難而能够透魄醒神，堅韌屹立，正是來自於中國哲學深邃的思維和創造力。

先秦時代，老子、孔子、莊子、孫子、韓非子等諸子之間的百家争鳴，就是哲學精神在中國的展現，是中國人思想解放的第一次大爆發。兩漢四百多年的思想和制度，是諸子百家思想在争鳴過程中大整合的結果。魏晋之際，玄學的發生，則是儒道冲破各自藩籬，彼此互動互補的結果，形成了儒家獨尊的態勢。隋唐三百年，佛教深入中國文化，又一次帶來了思想的大融合和大解放，禪宗的形成就是這一融合和解放的結果。兩宋三百多年，中國哲學迎來了第三次大解放。儒釋道三教之間的互潤互持日趨深入，朱熹的理學和陸象山的心學，就是這一思想潮流的哲學結晶。

與古希臘哲學强調沉思和理論建構不同，中國哲學的旨趣在於實踐人文關懷，它更關注實踐的義理性意義。中國哲學當中，知與行從未分離，中國哲學有着深厚的實踐觀點和生活觀點，倫理道德觀是中國人的貢獻。馬克思説，「全部社會生活在本質上是實踐的」，實踐的觀點、生活的觀點也正是馬克思主義認識論的基本觀點。這種哲學上的契合性，正是馬克思主義能够在中國扎根並不斷中國化的哲學原因。

「實事求是」是中國的一句古話。今天已成爲深邃的哲理，成爲中國人的思維方式和行爲基準。實事求是就是解放思想，解放思想就是實事求是。實事求是是毛澤東思想的精髓，是改革開放的基石。只有解放思想才能實事求是。實事求是就是中國人始終堅持的哲學思想。實事求是就是依靠自己，走自己的道路，反對一切絶對觀念。所謂中國化就是一切從中國實際出發，一切理論必須符合中國實際。

二　哲學的多樣性

實踐是人的存在形式，是哲學之母。實踐是思維的動力、源泉、價值、標準。人們認識世界、探索規律的根本目的是改造世界，完善自己。哲學問題的提出和回答，都離不開實踐。馬克思有句名言：「哲學家們只是用不同的方式解釋世界，而問題在於改變世界！」理論只有成爲人的精神智慧，才能成爲改變世界的力量。

哲學關心人類命運。時代的哲學，必定關心時代的命運。對時代命運的關心就是對人類實踐和命運的關心。人在實踐中産生的一切都具有現實性。哲學的實踐性必定帶來哲學的現實性。哲學的現實性就是强調人在不斷回答實踐中各種問題時應該具有的態度。

哲學作爲一門科學是現實的。哲學是一門回答並解釋現實的學問，哲學是人們聯繫實際、面對現實的思想。可以説哲學是現實的最本質的理論，也是本質的最現實的理論。哲學始終追問現實的發展和變化。哲學存在於實踐中，也必定在現實中發展。哲學的現實性要求我們直面實踐本身。

哲學不是簡單跟在實踐後面，成爲當下實踐的「奴僕」，而是以特有的深邃方式，關注着實踐的發展，提升人的實踐水平，爲社會實踐提供理論支撑。從直接的、急功近利的要求出發來理解和從事哲學，無異於向哲學提出它本身不可能完成的任務。哲學是深沉的反思，厚重的智慧，事物的抽象，理論的把握。哲學是人類把握世界最深邃的理論思維。

哲學是立足人的學問，是人用於理解世界、把握世界、改造世界的智慧之學。「民之所好，好之，民之所惡，惡之。」哲學的目的是爲了人。用哲學理解外在的世界，理解人本身，也是爲了用哲學改造世界、改造人。哲學研究無禁區，無終無界，與宇宙同在，與人類同在。

存在是多樣的，發展是多樣的，這是客觀世界的必然。宇宙萬物本身是多樣的存在，多樣的變化。歷史表明，每一民族的文化都有其獨特的價值。文化的多樣性是自然律，是動力，是生命力。各民族文化之間的相互借鑒，補充浸染，共同推動著人類社會的發展和繁榮，這是規律。對象的多樣性、複雜性，決定了哲學的多樣性；即使對同一事物，人們也會産生不同的哲學認識，形成不同的哲學派别。哲學觀點、思潮、流派及其表現形式上的區别，來自於哲學的時代性、地域性和民族性的差异。世界哲學是不同民族的哲學的薈萃，如中國哲學、西方哲學、阿拉伯哲學等。多樣性構成了世界，百花齊放形成了花園。不同的民族會有不同風格的哲學。恰恰是哲學的民族性，使不同的哲學都可以在世界舞臺上演繹出各種「戲劇」。即使有類似的哲學觀點，在實踐中的表達和運用也會各有特色。

人類的實踐是多方面的，具有多樣性、發展性，大體可以分爲：改造自然界的實踐，改造人類社會的實踐，完善人本身的實踐，提升人的精神世界的精神活動。人是實踐中的人，實踐是人的生命的第一屬性。實踐的社會性决定了哲學的社會性，哲學不是脱離社會現實生活的某種遐想，而是社會現實生活的觀念形態，是文明進步的重要標誌，是人的發展水平的重要維度。哲學的發展狀況，反映着一個社會人的理性成熟程度，反映著這個社會的文明程度。

哲學史實質上是自然史、社會史、人的發展史和人類思維史的總結和概括。自然界是多樣的，社會是多樣的，人類思維是多樣的。所謂哲學的多樣性，就是哲學基本觀念、理論學説、方法的異同，是哲學思維方式上的多姿多彩。哲學的多樣性是哲學的常態，是哲學進步、發展和繁榮的標誌。哲學是人的哲學，哲學是人對事物的自覺，是人對外界和自我認識的學問，也是人把握世界和自我的學問。哲學的多樣性，是哲學的常態和必然，是哲學發展和繁榮的内在動力。一般是普遍性，特色也是普遍性。從單一性到多樣性，從簡單性到複雜性，是哲學思維的一大變革。用一種哲學話語和方法否定另一種哲學話語和方法，這本身就不是哲學的態度。

多樣性並不否定共同性、統一性、普遍性。物質和精神，存在和意識，一切事物都是在運動、變化中的，是哲學的基本問題，也是我們的基本哲學觀點！

當今的世界如此紛繁複雜，哲學多樣性就是世界多樣性的反映。哲學是以觀念形態表現出的現實世界。哲學的多樣性，就是文明多樣性和人類歷史發展多樣性的表達。多樣性是宇宙之道。

哲學的實踐性、多樣性，還體現在哲學的時代性上。哲學總是特定時代精神的精華，是一定歷史條件下人的反思活動的理論形態。在不同的時代，哲學具有不同的内容和形式，哲學的多樣性，也是歷史時代多樣性的表達。哲學的多樣性也會讓我們能够更科學地理解不同歷史時代，更爲内在地理解歷史發展的道理。多樣性是歷史之道。

哲學之所以能發揮解放思想的作用，在於它始終關注實踐，關注現實的發展；在於它始終關注著科學技術的進步。哲學本身没有絶對空間，没有自在的世界，只能是客觀世界的映象，觀念形態。没有了現實性，哲學就遠離人，就離開了存在。哲學的實踐性，説到底是在説明哲學本質上是人的哲學，是人的思維，是爲了人的科學！哲學的實踐性、多樣性告訴我們，哲學必須百花齊放、百家争鳴。哲學的發展首先要解放自己，解放哲學，就是實現思維、觀念及範式的變革。人類發展也必須多塗並進，交流互鑒，共同繁榮。采百花之粉，才能釀天下之蜜。

三　哲學與當代中國

中國自古以來就有思辨的傳統，中國思想史上的百家争鳴就是哲學繁榮的史象。哲學是歷史發展的號角。中國思想文化的每一次大躍升，都是哲學解放的結果。中國古代賢哲的思想傳承至今，他們的智慧已浸入中國人的精神境界和生命情懷。

中國共産黨人歷來重視哲學，毛澤東在一九三八年，在抗日戰争最困難的條件下，在延安研究哲學，創作了實踐論和矛盾論，推動了中國革命的思想解放，成爲中國人民的精神力量。

中華民族的偉大復興必將迎來中國哲學的新發展。當代中國必須有自己的哲學，當代中國的哲學必須要從根本上講清楚中國道路的哲學道理。中華民族的偉大復興必須要有哲學的思維，必須要有不斷深入的反思。發展的道路，就是哲思的道路，文化的自信，就是哲學思維的自信。哲學是引領者，可謂永恒的「北斗」，哲學是時代的「火焰」，是時代最精緻最深刻的「光芒」。從社會變革的意義上説，任何一次巨大的社會變革，總是以理論思維爲先導。理論的變革，總是以思想觀念的空前解放爲前提，而「吹響」人類思想解放第一聲「號角」的，往往就是代表時代精神精華的哲學。社會實踐對於哲學的需求可謂「迫不及待」，因爲哲學總是「吹響」這個新時代的「號角」。「吹響」中國改革開放之

「號角」的，正是「解放思想」「實踐是檢驗真理的唯一標準」「不改革死路一條」等哲學觀念。「吹響」新時代「號角」的是「中國夢」，「人民對美好生活的向往，就是我們奮鬥的目標」。發展是人類社會永恒的動力，變革是社會解放的永遠的課題，思想解放，解放思想是無盡的哲思。中國正走在理論和實踐的雙重探索之路上，搞探索没有哲學不成！

中國哲學的新發展，必須反映中國與世界最新的實踐成果，必須反映科學的最新成果，必須具有走向未來的思想力量。今天的中國人所面臨的歷史時代，是史無前例的。十三億人齊步邁向現代化，這是怎樣的一幅歷史畫卷！是何等壯麗、令人震撼！不僅中國歷史上亘古未有，在世界歷史上也從未有過。當今中國需要的哲學，是結合天道、地理、人德的哲學，是整合古今中西的哲學，只有這樣的哲學才是中華民族偉大復興的哲學。

當今中國需要的哲學，必須是適合中國的哲學。無論古今中外，再好的東西，也需要再吸收，再消化，必須要經過現代化和中國化，才能成爲今天中國自己的哲學。哲學是解放人的，哲學自身的發展也是一次思想解放，也是人的一个思維升華、羽化的過程。中國人的思想解放，總是隨著歷史不斷進行的。歷史有多長，思想解放的道路就有多長；發展進步是永恒的，思想解放也是永無止境的，思想解放就是哲學的解放。

習近平說，思想工作就是「引導人們更加全面客觀地認識當代中國、看待外部世界」。這就需要我們確立一種「知己知彼」的知識態度和理論立場，而哲學則是對文明價值核心最精練和最集中的深邃性表達，有助於我們認識中國、認識世界。立足中國、認識中國，需要我們審視我們走過的道路，立足中國、認識世界，需要我們觀察和借鑒世界歷史上的不同文化。中國「獨特的文化傳統」、中國「獨特的歷史命運」、中國「獨特的基本國情」，「決定了我們必然要走適合自己特點的發展道路」。一切現實的、存在的社會制度，其形態都是具體的，都是特色的，都必須是符合本國實際的。抽象的制度，普世的制度是不存在的。同時，我們要全面客觀地「看待外部世界」。研究古今中外的哲學，是中國認識世界、認識人類史、認識自己未來發展的必修課。今天中國的發展不僅要讀中國書，還要讀世界書。不僅要學習自然科學、社會科學的經典，更要學習哲學的經典。當前，中國正走在實現「中國夢」的「長征」路上，這也正是一條思想不斷解放的道路！要回答中國的問題，解釋中國的發展，首先需要哲學思維本身的解放。哲學的發展，就是哲學的解放，這是由哲學的實踐性、時代性所決定的。哲學無禁區、無疆界。哲學是關乎宇宙之精神，是關乎人類之思想。哲學將與宇宙、人類同在。

四　哲學典籍

中外哲學典籍大全的編纂，是要讓中國人能研究中外哲學經典，吸收人類精神思想的精華；是要提升我們的思維，讓中國人的思想更加理性、更加科學、更加智慧。

中國有盛世修典的傳統。中國古代有多部典籍類書（如「永樂大典」「四庫全書」等），在新時代編纂中外哲學典籍大全，是我們的歷史使命，是民族復興的重大思想工程。

只有學習和借鑒人類精神思想的成就，才能實現我們自己的發展，走向未來。中外哲學典籍大全的編纂，就是在思維層面上，在智慧境界中，繼承自己的精神文明，學習世界優秀文化。這是我們的必修課。

不同文化之間的交流、合作和友誼，必須達到哲學層面上的相互認同和借鑒。哲學之間的對話和傾聽，才是從心到心的交流。中外哲學典籍大全的編纂，就是在搭建心心相通的橋樑。

我們編纂這套哲學典籍大全，一是中國哲學，整理中國歷史上的思想典籍，濃縮中國思想史上的精華；二是外國哲學，主要是西方哲學，吸收外來，借鑒人類發展的優秀哲學成果；三是馬克思主義哲學，展示馬克思主義哲學中國化的成就；四是中國近現代以來的哲學成果，特别是馬克思主義在中國的發展。

編纂這部典籍大全，是哲學界早有的心願，也是哲學界的一份奉獻。中外哲學典籍大全總結的是書本上的思想，是先哲們的思維，是前人的足迹。我們希望把它們奉獻給後來人，使他們能够站在前人肩膀上，站在歷史岸邊看待自己。

中外哲學典籍大全的編纂，是以「知以藏往」的方式實現「神以知來」；中外哲學典籍大全的編纂，是通過對中外哲學歷史的「原始反終」，從人類共同面臨的根本大問題出發，在哲學生生不息的道路上，綵繪出人類文明進步的盛德大業！

發展的中國，既是一個政治、經濟大國，也是一個文化大國，也必將是一個哲學大國、思想王國。人類的精神文明成果是不分國界的，哲學的邊界是實踐，實踐的永恒性是哲學的永續綫性，打開胸懷擁抱人類文明成就，是一個民族和國家自强自立，始終佇立於人類文明潮頭的根本條件。

擁抱世界，擁抱未來，走向復興，構建中國人的世界觀、人生觀、價值觀、方法論，這是中國人的視野、情懷，也是中國哲學家的願望！

李鐵映

二〇一八年八月

「中國哲學典籍卷」

序

中國古無「哲學」之名，但如近代的王國維所説，「哲學爲中國固有之學」。「哲學」的譯名出自日本啓蒙學者西周，他在一八七四年出版的百一新論中説：「將論明天道人道，兼立教法的philosophy譯名爲哲學。」自「哲學」譯名的成立，「philosophy」或「哲學」就已有了東西方文化交融互鑒的性質。

「philosophy」在古希臘文化中的本義是「愛智」，而「哲學」的「哲」在中國古經書中的字義就是「智」或「大智」。孔子在臨終時慨嘆而歌：「泰山壞乎！梁柱摧乎！哲人萎乎！」（史記孔子世家）「哲人」在中國古經書中釋爲「賢智之人」，而在「哲學」譯名輸入中國後即可稱爲「哲學家」。

哲學是智慧之學，是關於宇宙和人生之根本問題的學問。對此，中西或中外哲學是共同的，因而哲學具有世界人類文化的普遍性。但是，正如世界各民族文化既有世界的普遍性，也有民族的特殊性，所以世界各民族哲學也具有不同的風格和特色。如果説「哲學」是個「共名」或「類稱」，那麽世界各民族哲學就是此類中不同的「特例」。這是哲學的普遍性與多樣性的統一。

在中國哲學中，關於宇宙的根本道理稱爲「天道」，關於人生的根本道理稱爲「人道」，中國哲學的一個貫穿始終的核心問題就是「究天人之際」。一般説來，天人關係問題是中外哲學普遍探索的問題，而中國哲學的「究天人之際」具有自身的特點。

亞里士多德曾説：「古今來人們開始哲學探索，都應起於對自然萬物的驚異……這類學術研究的開始，都在人生的必需品以及使人快樂安適的種種事物幾乎全都獲得了以後。」「這些知識最先出現於人們開始有閒暇的地方。」這是説的古希臘哲學的一個特點，是與當時古希臘的社會歷史發展階段及其貴族階層的生活方式相聯繫的。與此不同，中國哲學是產生於士人在社會大變動中的憂患意識，爲了求得社會的治理和人生的安頓，他們大多「席不暇暖」地周遊列國，宣傳自己的社會主張。這就決定了中國哲學在「究天人之際」

中首重「知人」，在先秦「百家争鳴」中的各主要流派都是「務爲治者也，直所從言之異路，有省不省耳」（史記太史公自序）。

中國哲學與其他民族哲學所不同者，還在於中國數千年文化一直生生不息而未嘗中斷，中國文化在世界歷史的「軸心時期」所實現的哲學突破也是采取了極温和的方式。這主要表現在孔子的「祖述堯舜，憲章文武」，刪述六經，對中國上古的文化既有連續性的繼承，又經編纂和詮釋而有哲學思想的突破。因此，由孔子及其後學所編纂和詮釋的上古經書就以「先王之政典」的形式不僅保存下來，而且在此後中國文化的發展中居於統率的地位。

據近期出土的文獻資料，先秦儒家在戰國時期已有對「六經」的排列，「六經」作爲一個著作群受到儒家的高度重視。至漢武帝「罷黜百家，表章六經」，遂使「六經」以及儒家的經學確立了由國家意識形態認可的統率地位。漢書藝文志著録圖書，爲首的是「六藝略」，其次是「諸子略」「詩賦略」「兵書略」「數術略」和「方技略」，這就體現了以「六經」統率諸子學和其他學術。這種圖書分類經幾次調整，到了隋書經籍志乃正式形成「經、史、子、集」的四部分類，此後保持穩定而延續至清。

中國傳統文化有「四部」的圖書分類，也有對「義理之學」「考據之學」「辭章之學」和「經世之學」等的劃分，其中「義理之學」雖然近於「哲學」但並不等同。中國傳統文化没有形成「哲學」以及近現代教育學科體制的分科，但是中國傳統文化確實固有其深邃的哲學思想，它表達了中華民族的世界觀、人生觀，體現了中華民族的思維方式、行爲準則，凝聚了中華民族最深沉、最持久的價值追求。

清代學者戴震説：「天人之道，經之大訓萃焉。」（原善卷上）經書和經學中講「天人之道」的「大訓」，就是中國傳統的哲學；不僅如此，在圖書分類的「子、史、集」中也有講「天人之道」的「大訓」，這些也是中國傳統的哲學。「究天人之際」的哲學主題是在中國文化上下幾千年的發展中，伴隨著歷史的進程而不斷深化、轉陳出新、持續探索的。

中國哲學首重「知人」，在天人關係中是以「知人」爲中心，以「安民」或「爲治」爲宗旨的。在記載中國上古文化的尚書臯陶謨中，就有了「知人則哲，能官人；安民則惠，黎民懷之」的表述。在論語中，「樊遲問仁，子曰：『愛人。』問知（智），子曰：『知人。』」（論語顔淵）「仁者愛人」是孔子思想中的最高道德範疇，其源頭可上溯到中國文化自上古以來就形成的崇尚道德的優秀傳統。孔子説：「未能事人，焉能事鬼？」「未知生，焉知死？」（論語先進）「務民之義，敬鬼神而遠之，可謂知矣。」（論語雍也）「智者知人」，在孔子的思想中雖然保留了對「天」和鬼神的敬畏，但他的主要關注點是現世的人生，是「仁者愛人」「天下有道」的價值取向，由此確立了中國哲學以「知人」爲中心的思想範式。西方現代哲學家雅斯貝爾斯在大哲學家一書中把蘇格拉底、佛陀、孔子和耶穌作爲「思想範式的創造者」，而孔子思想的特點就是「要在世間建立一種人道的秩序」，「在現世的可能性之中」，孔子「希望建立一個新世界」。

中國上古時期把「天」或「上帝」作爲最高的信仰對象，這種信仰也有其宗教的特殊性。如梁啓超所説：「各國之尊天者，常崇之於萬有之外，而中國則常納之於人事之中，此吾中華所特長也。……其尊天也，目的不在天國而在世界，受用不在未來（來世）而在現在（現世）。是故人倫亦稱天倫，人道亦稱天道。記曰：『善言天者必有驗於人。』此所以雖近於宗教，而與他國之宗教自殊科也。」由於中國上古文化所信仰的「天」不是存在於與人世生活相隔絶的「彼岸世界」，而是與地相聯繫（中庸所謂「郊社之禮，所以事上帝也」，朱熹中庸章句注：「郊，祀天；社，祭地。不言后土者，省文也。」），具有道德的、以民爲本的特點（尚書所謂「皇天無親，惟德是輔」，「天視自我民視，天聽自我民聽」，「民之所欲，天必從之」），所以這種特殊的宗教性也長期地影響著中國哲學對天人關係的認識。相傳「人更三聖，世經三古」的易經，其本爲卜筮之書，但經孔子「觀其德義而已」之後，則成爲講天人關係的哲理之書。四庫全书總目易類序說：「聖人覺世牖民，大抵因事以寓教……易則寓於卜筮。故易之爲書，推天道以明人事者也。」不僅易經是如此，而且以後中國哲學的普遍架構就是「推天道以明人事」。

春秋末期，與孔子同時而比他年長的老子，原創性地提出了「有物混成，先天地生」（老子二十五章），天地並非固有的，在天地產生之前有「道」存在，「道」是產生天地萬物的總根源和總根據。「道」內在於天地萬物之中就是「德」，「孔德之容，惟道是從」（老子二十一章），「道」與「德」是統一的。老子說：「道生之，德畜之，物形之，勢成之。是以萬物莫不尊道而貴德。道之尊，德之貴，夫莫之命而常自然。」（老子五十一章）老子的價值主張是「自然無爲」，而「自然無爲」的天道根據就是「道生之，德畜之……是以萬物莫不尊道而貴德」。老子所講的「德」實即相當於「性」，孔子所罕言的「性與天道」，在老子哲學中就是講「道」與「德」的形而上學。實際上，老子哲學確立了中國哲學「性與天道合一」的思想，而他從「道」與「德」推出「自然無爲」的價值主張，這就成爲以後中國哲學「推天道以明人事」普遍架構的一個典範。雅斯貝爾斯在大哲學家一書中把老子列入「原創性形而上學家」，他說：「從世界歷史來看，老子的偉大是同中國的精神結合在一起的。」他評價孔、老關係時說：「雖然兩位大師放眼於相反的方向，但他們實際上立足於同一基礎之上。兩者間的統一在中國的偉大人物身上則一再得到體現……」這裏所謂「中國的精神」「立足於同一基礎之上」，就是説孔子和老子的哲學都是爲了解決現實生活中的問題，都是「務爲治者也」。

在老子哲學之後，中庸説：「天命之謂性」，「思知人，不可以不知天」。孟子説：「盡其心者知其性也，知其性則知天矣。」（孟子盡心上）此後的中國哲學家雖然對天道和人性有不同的認識，但大抵都是講人性源於天道，知天是爲了知人。一直到宋明理學家講「天者理也」，「性即理也」，「性與天道合一存乎誠」。作爲宋明理學之開山著作的周敦頤太極圖說，是從「無極而太極」講起，至「形既生矣，神發知矣，五性感動而善惡分，萬事出矣」，這就是從天道講到人事，而其歸結爲「聖人定之以中正仁義而主靜，立人極焉」，這就是從天道、人性推出人事應該如何，「立人極」就是要確立人事的價值準則。可以說，中國哲學的「推天道以明人事」最終指向的是人生的價值觀，這也就是要「爲天地立心，爲生民立命，爲往聖繼絶學，爲萬世開太平」。在作爲中國哲學主流的儒家哲學中，價值觀又是與道德修養的工夫論和道德境界相聯繫。因此，天人合一、真善合一、知行合一成爲中國哲學的主要特點。

中國哲學經歷了不同的歷史發展階段，從先秦時期的諸子百家争鳴，到漢代以後的儒家經學獨尊，而實際上是儒道互補，至魏晋玄學乃是儒道互補的一個結晶；在南北朝時期逐漸形成儒、釋、道三教鼎立，從印度傳來的佛教逐漸適應中國文化的生態環境，至隋唐時期完成中國化的過程而成爲中國文化的一個有機組成部分；宋明理學則是吸收了佛、道二教的思想因素，返而歸於「六經」，又創建了論語孟子大學中庸的「四書」體系，建構了以「理、氣、心、性」爲核心範疇的新儒學。因此，中國哲學不僅具有自身的特點，而且具有不同發展階段和不同學派思想内容的豐富性。

一八四〇年之後，中國面臨着「數千年未有之變局」，中國文化進入了近現代轉型的時期。在甲午戰敗之後的一八九五年，「哲學」的譯名出現在黄遵憲的日本國志和鄭觀應的盛世危言（十四卷本）中。此後，「哲學」以一個學科的形式，以哲學的「獨立之精神，自由之思想」推動了中華民族的思想解放和改革開放，中、外哲學會聚於中國，中、外哲學的交流互鑒使中國哲學的發展呈現出新的形態，馬克思主義哲學在與中國的歷史文化傳統、中國具體的革命和建設實踐相結合的過程中不斷中國化而產生新的理論成果。中華民族的偉大復興必將迎來中國哲學的新發展，在此之際，編纂中外哲學典籍大全，中國哲學典籍第一次與外國哲學典籍會聚於此大全中，這是中國盛世修典史上的一個首創，對於今後中國哲學的發展、對於中華民族的偉大復興具有重要的意義。

李存山

二〇一八年八月

「中國哲學典籍卷」

出版前言

社會的發展需要哲學智慧的指引。在中國浩如煙海的文獻中，哲學典籍占據著重要地位，指引著中華民族在歷史的浪潮中前行。這些凝練著古聖先賢智慧的哲學典籍，在新時代仍然熠熠生輝。

收入我社「中國哲學典籍卷」的書目，是最新整理成果的首次發布，按照内容和年代分爲以下幾類：先秦子書類、兩漢魏晋隋唐哲學類、佛道教哲學類、宋元明清哲學類、近現代哲學類、經部（易類、書類、禮類、春秋類、孝經類）等，其中以經學類占多數。

本次整理皆選取各書存世的善本爲底本，制訂校勘記撰寫的基本原則以確保校勘品質。全套書采用繁體竪排加專名綫的古籍版式，嚴守古籍整理出版規範，並請相關領域專家多次審稿，作者反復修訂完善，旨在匯集保存中國哲學典籍文獻，同時也爲古籍研究者和愛好者提供研習的文本。

文化自信是一個國家、一個民族發展中更基本、更深沉、更持久的力量。對中國哲學典籍進行整理出版，是文化創新的題中應有之義。中國社會科學出版社秉持「傳文明薪火，發時代先聲」的發展理念，歷來重視中華優秀傳統文化的研究和出版。「中國哲學典籍卷」樣稿已在二〇一八年世界哲學大會、二〇一九年北京國際書展等重要圖書會展亮相，贏得了與會學者的高度讚賞和期待。

點校者、審稿專家、編校人員等爲叢書的出版付出了大量的時間與精力，在此一並致謝。由於水準有限，書中難免有一些不當之處，敬請讀者批評指正。

趙劍英

二〇二〇年八月

本書點校説明

春秋師説三卷，附録二卷，今有文淵閣四庫全書本（簡稱四庫本）、中國國家圖書館藏元至正二十四年休寧商山義塾刻明弘治六年高忠重修本（中華再造善本，一册，簡稱元刻本）、通志堂經解本（簡稱通志堂本）等。此次點校以元刻本爲底本，校以四庫本、通志堂本。點校體例如下。

一　文中出現的「經」「傳」「注」「疏」等，除特殊情形，一律不加波浪綫。凡「公」「穀」皆加波浪綫爲公、穀。「左氏」若指左傳則加波浪綫爲左氏，若指左傳作者則不加波浪綫。「春秋」若指春秋時代則不加波浪綫，若指書名則加波浪綫。

二　凡人名、地名、朝代用竪綫標注。

三　凡「已」「巳」「己」或「日」「曰」混用者，皆據文意直接改正，不出校記。

四　凡底本字迹不清或有闕失者，如通志堂本、四庫本所録相同，則據以補之，出校記；若四庫本、通志堂本所録不同，則據通志堂本補，並出校記；若通志堂本亦字迹不清或有闕失，則據四庫本補，並出校記。

五　各本之間的異體字不出校。

六　書末附文淵閣四庫全書春秋師説提要。

張立恩

二〇一八年六月

目録

春秋師説卷中

春秋師説卷下

附録上

附録下

春秋師説題辭

黄先生所著經説曰六經辨釋補注、曰翼經罪言、曰經學復古樞要等凡十餘書。所舉六經疑義共千有餘條，其篇目雖殊，而反覆辨難，使人致思以求失傳之旨，則一而已。蓋先生中歲嘗爲易、春秋二經作傳，既又以去古益遠，典籍殘闕，傳注家率多傅會，故必積誠研精，有所契悟，而後可以窺見聖人本真。若所得未完而亟爲成書，恐蹈前人故轍，遂閣筆不續，務爲覃思。久之，乃稍出諸經説以示學者，欲其各以所示疑義反求諸經，因已成之功而益致其力，塗轍既正，户庭不差，而學者日衆，則何患乎經旨之不大明也！嗚呼！先生於經學，所以待天下後世之士者如此，吾黨小子，其可弗勉乎？汸自弱冠即往拜先生于九江，時先生年已七十有九，口授學易、春秋致思之要，具有端緒，而顓愚不敏，往來館下數歲，無千慮之一得焉。既而於春秋大旨，一旦若發蒙蔽，急往請益。比至，則先生捐館矣。乃即前諸書中取凡爲春秋説者，參以平日耳聞，去其重複，類次爲十有一篇，分三卷，題曰春秋師説。汸誠愚不敏，其敢自畫於斯？慨思微言，蓋將没身而已。歲至正戊子八月幾望，門人新安趙汸敬題卷端。

春秋師説卷上

新安　趙汸　編

論春秋述作本旨

前漢藝文志：「凡春秋二十三家。古之王者，世有史官，君舉必書，所以慎言行，昭法式也。左史記言，右史記事。事爲春秋，言爲尚書。周室既微，載籍殘缺。仲尼思存前聖之業，以魯周公之國，禮文備物，史官有法，故與左丘明觀其史記，據行事，仍人道，因興以立功，就敗以成罰，假日月以定歷數，藉朝聘以正禮樂。有所褒諱貶損，不可書見，口授弟子。弟子退而異言。丘明恐弟子各安其意以失其真，故論本事而作傳，明夫子不以空言説經也。及末世口説流行，故有公羊、穀梁、鄒、夾之傳。四家之中，公羊、穀梁立於學官。」澤謂此篇叙孔子作春秋與左丘明觀國史之説，大槩得之，又謂丘明論本事而作傳，明夫子不以空言説經，此説尤當。杜氏云：「凡策書，皆有君命。」謂如諸國之事，應書于策，須先稟命於君然後書。如此則應登策書，事體甚重。又書則皆在大廟，如孟獻子書勞于廟，亦其例也。據策書事體如此，孔子非史官，何由得見國史策文與其簡牘本末，考見得失，而加之筆削？蓋當時史法錯亂，魯之史官以孔子是聖人，欲乘此機，託之以正書法，使後之作史者有所依據。如此，則若無君命，安可脩改？史官若不稟之君命，安敢以國史示人？據夫子正樂須與大師、師襄之屬討論詳悉，然後可爲，不然，則所正之樂，如師摯之始，關雎之亂，洋洋乎盈耳，時君時相，謂之全不聞知，可乎？又哀公使孺悲學士喪禮於孔子，士喪禮於是乎書，則其餘可知也。蓋當時魯君雖不能用孔子，至於託聖人以正禮樂，正書法，則决然有之，如此則春秋一經，出於史官，先稟命於君，而後贊成其事也。

夫子見周衰，紀綱廢壞，平王以下，王室遂微。自此，伯者迭興，其勢盛彊。雖桓、文有輔翼尊周之功，然爲義不盡，寡弱王室。計其一時之盛，雖若可觀，然大抵苟且一時，誠不足以善其後。是故齊之伯也，釋晉里克及魯慶父。弑君之罪而不誅，君臣之道，遂以陵替。晉之伯也，削王室之地，召王于温，而使諸侯朝之。名分之壞，孰有甚於此者？襄公以後，雖數世爲諸侯長，然觀其施設，大抵皆緩篡弑之罪，縱人臣之惡，開禍亂之門。逮其末世，釁起蕭牆，堅冰已至，於是韓、趙、魏、智氏力敵，而分晉之兆乃成。田氏得志於齊，而簒滅之惡已著。魯之公室，亦遂衰微，大夫失權，陪臣執命。推原其弊之始，雖欲不罪齊桓、晉文，得乎？觀齊、晉之寬縱不討弑君之罪，後之子孫亦因此而亡，則報應之理，曷嘗不明？利欲之末流，其害如此。嗚呼！齊、晉之事，既已莫救，而來者效尤不已。天下之大，有臣無君，禮義消亡，風俗頹弊，日趨日下，莫知所止。聖人憂焉，遠則激於陳恒，近則傷於麟獲。雖有變魯至道，興東周之志，而未嘗有一日之權，是以不獲。已而觀乎國史，以作春秋。書既成，而亂臣賊子懼焉，則其效驗著於當時，而功用行乎百世。禮以濟其怒，仁以行其權。用大智，而天下後世莫能知其心即堯舜之心，其事近乎湯武之事，不動聲色，而使讀者莫不敬懼心服。不言而化，不疾而速，不怒而威，揭綱常於一朝，叙彝倫於萬世，方諸湯武，顧不盛歟！

周自平王東遷，微弱不振。至孔子時，微弱已甚。孔子雖聖人，然在當時，不過魯之臣子，周之陪臣也。憫周之衰而拯救之，故託魯史以明大義於天下，以周之法而治周之諸侯爾。吾觀聖人拳拳於周室，常有興東周之心，而於文王、周公，蓋夢想若將見之，其心於周室至矣。學者當虚心以求聖人，則庶幾有以得聖人之心，而後春秋之正説可得而伸也。史紀事從實，而是非自見，雖隱諱，而是非亦終在。夫子春秋，多因舊史，則是非亦與史同，但有隱微及改舊史處，始是聖人用意，然亦有止用舊文，而亦自有意義者。大抵聖人未嘗不褒貶，而不至屑屑焉事事求詳，若後世諸儒之論也。孟子曰：「其義則丘竊取之矣。」竊取者，謂無其位而不敢當，故謙辭也。

二百四十二年者，夫子之春秋。自伯禽至魯滅，史官所書者，魯春秋也。王者賞功罰罪，雖或不當，然猶是號令足以及天下，名分未至大壞，夏、商皆然，惟東周自平王微弱，不復能制馭諸侯，而後上下之分陵替，禮義幾於澌盡。故孔子作春秋，平王以前不復論者，以其時天子能統諸侯故也；始於平王者，所以救周室之衰微，而扶植綱常也。

春秋皆是處變，常者易處，而變者難處，故春秋非聖人不能作。

子曰：「可與共學，未可與適道。可與適道，未可與立。可與立，未可與權。」此是看春秋之要。孔門高弟，惟顔、曾學力已到庶幾可與權者，此外如有子，亦頗知通變，游、夏雖高弟，却恐未及。春秋兼正、變，然大抵變多於正，多是從權，故非聖人不能作，非孟子、諸大賢不能透徹，公、穀費盡心思，無大益也。

春秋本是一貫之道，夫子以一理而裁萬事，洪纖高下，各有攸當，而學春秋者，竟未知其爲一貫也。

春秋如正例、變例之實，此是澤破近代諸儒春秋不用例之説。三傳皆用例，雖未必盡合聖人，然不中不遠。近時説者，則以爲夫子春秋非用例，若如此，則夫子作春秋，止是隨事記録，止如今人之寫日記簿相似，有何意義？惟其有正例、變例，方可推求聖人本意，且如某年、某時、某月、某日、某國、某人滅某國，此分明是惡其以無罪滅人之國；又如文十四年九月甲申，公孫敖卒于齊，此人雖有罪，然是公族，觀聖人之意，是以恩録，不以罪殺恩，所以示敦睦宗族，忠厚之道，亦是以二子，故此是變例。如此看，方稍得聖人之心。若説聖人止備録，使人自見，則但是史官皆可爲，何以見得春秋非聖人不能作？又嘗見近世作宰相者，用人之際，不肯拘例，曰：「若用例，則一堂吏亦可爲宰相。」此説固是，然亦偶遇可以不拘例之人則可，若一切皆不用例，則有司又何所守乎？春秋之不可無例，亦猶是也。

哀公十四年，春，西狩獲麟。夫子感麟之出不以其時，虚其應而失其歸，又傷己之不遇，無以自見於世，乃據魯史而作春秋，以治亂臣賊子奸名犯分之罪。其夏適有陳恒弑簡公之事，夫子若釋而不問，何以誅姦凶於既往、遏亂賊於方來乎？所以雖已致仕，不敢憚煩，特重其事，沐浴而朝，告於三子，請正討賊之義。魯之君臣雖不從，然亂臣賊子始知所懼，而後討賊之義例始定。然事雖不行，而爲惡者已知所懼，惴惴焉亦惟恐人之議己，是夫子一告之頃，已足以匡天下之亂矣。此沐浴告君，所以爲二百四十二年討賊之義例也。

陳恒之事，魯若任孔子，亦不得不用魯衆加齊半之説，蓋聖人德義雖孚於人，然亦須臨事而懼、好謀而成，豈得全然不論兵力？故當斟酌事情與彊弱之勢以告君也。

哀公十四年，西狩獲麟，孔子始脩春秋，明年子路卒，又明年孔子卒，則是此書成得年歲間，而孔子没也。當時門弟子，見者必少，蓋此書亦難以泛然視人，想夫子没後，弟子方見之。

論魯史策書遺法

魯史春秋有例，夫子春秋無例，非無例也，以義爲例，隱而不彰也。惟其隱而不彰，所以三傳各自爲説。若左氏所説，止是史官所守之法。

春秋凡例，本周公之遺法，故韓宣子適魯，見易象與魯春秋，曰：「周禮盡在魯矣，吾乃今知周公之德與周之所以王。」此時未經夫子筆削，而韓宣子乃如此稱贊者，見得魯之史與諸國迥然不同故也。

赴告、策書諸所記注，多違舊章，此杜氏説。大抵春秋時，史法頗難，爲史官者，亦只當直書，中間違禮、得禮皆有之，亦是時使之然。記事者只得如是，不可律以夫子書法。見夫子簡嚴，便謂史法，非是也。夫子之春秋，不可以史法觀。後世作史者只當用史法，不可模擬聖人也。胸中權度不如聖人，則予奪不得其正矣，故作史惟當直書爲得體。

夫子春秋，只是借二百四十二年行事，以示大經大法於天下，故不可以史法觀之。惠公以前春秋，其不合於典禮者尚少，故夫子截自惠公以後者，所以撥亂也。

春秋書法，自書契以來所無。舊史固是周公之遺法，然常法也，王政不綱，而後怪證〔二〕百出，弑父與君，無所不有，而紀綱法度，俱已蕩然。分限既踰，無一合於古者，而史法始難乎紀載矣。若非聖人删修之，則二百四十二年之行事，是非得失，淆亂穢雜，而無所折衷矣，天下後世，安所取正哉？

凡史官書法與刑官論刑，大體固不異。如趙盾之事，以法言之，則穿爲元惡，盾若不知情，當只坐中途聞難而復不討賊爲罪，然此罪亦已應誅，蓋元惡若與盾非族黨，盾亦不能逃匿庇凶逆之罪，其迹亦當與知情同。今穿既是盾之族黨，盾若誅穿，尚難以自明，況庇而不誅，則盾與穿同惡同罪矣。以位言之，則盾爲執政之卿；以族屬言之，則盾爲從父，是固不可得而末減者。若以董狐書法言之，則爲國正卿，亡不出境，反不討賊，不論知情與否，皆同弑君，書穿則盾之罪不明，書盾則與穿同論。史法與論刑，其實亦不大相

〔二〕「證」，四庫本作「誕」。

遠也。

春秋以前，禮法未廢，史所書者，不過君即位，君薨葬，逆夫人，夫人薨葬，大夫卒，有年，無年，天時之變，郊廟之禮，諸侯卒葬、交聘、會朝，大抵不過如此爾，無有伐國、滅國、圍城、入某國某邑等事也。其後禮法既壞，史法始淆亂，如隱公元年，除書及邾、宋盟，公子益師卒外，其餘皆失禮之事，如不書即位，是先君失禮，爲魯亂之本。鄭伯克段，是兄不兄、弟不弟。天王歸仲子之賵，則失禮顯然。祭伯來，則不稱使。舉一年如此，則二百四十二年可知，如此，則夫子春秋，安得不作？

春秋所以難看，乃是失却不修春秋，若有不修春秋互相比證，則史官記載，仲尼所以筆削者，亦自顯然易見。三桓是桓公、文姜之子，而春秋書法，於文姜不少恕，如夫人姜氏會齊侯，夫人姜氏享齊侯，夫人姜氏如齊、如莒。其子孫見此，豈不有怒？然却又如此書，此便是難說。澤嘗謂此處是看春秋緊關，若透得此關，則春秋甚易說，不透此關，則縱饒說得好，亦多是彊說而已。

說春秋，必須兼考史家記載之法，不可專據經文也。若專據經文而不考史，則如滅項之類，如何見得？

史者，事也。經者，理也。先儒於春秋，亦多所益，而莫能總其要歸，其於史官記載之體，聖人筆削之法，蓋未有兼得之者，是以或得之於經則失之於史，得之於史則失之於經也。

二百四十二年者，夫子之春秋。自伯禽至魯滅，史官所書者，魯春秋也。

論三傳得失

孔子作春秋，以授史官及高弟。在史官者，則丘明作傳；在高弟者，則一再傳而爲公羊高、穀梁赤。在史官者，則得事之情實，而義理間有訛；在高弟者，則不見事實，而往往以意臆度，若其義理則間有可觀，而事則多訛矣。酌而論之，則事實而理訛，後之人猶有所依據以求經旨，是經本無所損也。事訛而義理間有可觀，則雖説得大公至正，於經實少所益，是經雖存而實亡也，况未必大公至正乎？使非左氏事實尚存，則春秋益不可曉矣，故舍事實而求經，自公羊、穀梁以後，又不知其幾公羊、穀梁也，然則春秋之道，何時而可明邪？

左丘明，或謂姓左丘名明，非傳春秋者；傳春秋者，蓋姓左而失其名。澤謂去古既遠，此以爲是，彼以爲非，又焉有定論？今以理推之，則夫子修春秋，蓋是徧閲國史，策書、簡牘，皆得見之，始可筆削。雖聖人平日於諸國事，已素熟於胸中，然觀聖人入大廟，每事問，蓋不厭其詳審，况筆削春秋，將以垂萬代？故知夫子於此，尤當詳審也。又策書是重事，史官不以示人，則他人無由得見，如今國史，自非嘗爲史官者，則亦莫能見而知其詳。又夫子未歸魯以前，未有修春秋之意，自歸魯以後，知其已老，道之不行，始志於此。其作此經，蓋不過時歲間耳，自非備見國史，其成何以如是之速哉？切〔二〕謂夫子聖德已孚於人，魯之春秋，雖史官亦知其舛謬，非聖人莫能刊正，是以適投其機，而夫子得以筆削也。觀夫子與魯樂官論樂，則知樂之所以正，亦樂官有以推贊之。又或出於時君之意，亦未可知也。然策書是事之綱，不厭其略，特其節目之詳，必須熟於史者然後知，是以此書若以示學者，則雖高弟亦猝未能曉，若在史官，則雖亦未能盡得聖人旨意，然比之於不諳悉本末者，大有逕庭矣。故切〔三〕獨妄意從杜元凱之說，以爲左氏是當時史官，篤信聖人者，雖識見常不及，然聖賢大分，亦多如此。

〔二〕「切」，四庫本作「竊」，通志堂本作「竊」。
〔三〕「切」，四庫本作「竊」，通志堂本作「竊」。

左氏是史官曾及孔氏之門者，古人是竹書，簡帙重大，其成此傳，是閲多少文字，非史官不能得如此之詳，非及孔氏之門，則信聖人不能如此之篤。

左氏乃是春秋時文字，或以爲戰國時文字者，非也。今考其文，自成一家，真春秋時文體。戰國文字粗豪，賈誼、司馬遷尚有餘習，而公羊、穀梁則正是戰國時文字耳。左氏固是後出，然文字豐潤，頗帶華艷，漢初亦所不尚，至劉歆始好之。其列於學宫最後，大抵其文字近禮記，而最繁富耳。

後漢書成於范曄[一]之手，便有晉、宋間簡潔意思。堯、舜三代之史，成於司馬遷，便有秦、漢間粗豪意思。若以爲左氏是戰國時人，則文字全無戰國意思，如戰國書戰伐之類，皆大與左傳不同，如所謂拔某城、下某邑、大破之，即急擊等字，皆左傳所無，如「將軍」字，亦只後來方一見，蓋此時「將軍」之稱方著耳。

「臘」字，考字書，别無他義，只是臘祭耳，從巤者，蓋取狩獵爲義。秦以前已有此字，已有此名，如三王之王，不知帝世，已有此名，至禹始定爲有天下之稱也。後儒不深

[一]「曄」，四庫本作「煜」。

思，則謂秦始稱臘，學者便據此以疑左傳，此何可信哉？韋昭謂古「車」字音尺奢反[一]，居音。其誤皆類此。

戴宏序春秋傳授云：「子夏傳與公羊高，高傳與其子平，平傳與其子地，地傳與其子敢，敢傳與其子壽。至漢景帝時，壽乃共弟子齊人胡毋子都著於竹帛。」據此則公羊氏五世傳春秋，若然，則左氏是史官，又當是世史，其末年傳文，亦當是子孫所續，故通謂之左氏傳，理或當然。

穀梁如蔡人殺陳佗，曰：「何以知其是陳君也？两下相殺不道。」又如二年，宋督弑其君及其大夫孔父，亦曰：「何以知其先殺孔父？子既死，父不忍稱其名。臣既死，君不忍稱其名。以是知君之累之也。」凡若此類，皆是用測度之辭。蓋是當來得之傳聞，不曾親見國史，是國史難得見之一驗。又公羊是齊人，齊亦有國史，而事亦訛謬，蓋國史非人人可見。公、穀皆是有傳授，然自傳授之師，已皆不得見國史矣。故知左氏作傳，必是史官，非史官則不能如此；又是世官，故末年傳文，當是其子孫所續。

[一]「反」，原作「無」，四庫本、通志堂本皆同。經典釋文卷五引韋昭曰：「（車）古皆音尺奢反，後漢以來始有居音。」今據改。

公羊襄公元年，己丑，葬我小君齊姜。「齊姜與穆姜，則不知其爲宣夫人歟？成夫人歟？」他如此類甚多，此乃不見國史之明驗，故二傳事，多不可據。

近世學者以左氏載楚事頗詳，則以左氏爲楚人，此執一偏之説，而未嘗虚心以求故也。凡作史，必須識大綱領，周雖微弱，終爲天下宗主，故當時作史，必須先識周事，其次莫如晉、楚，國大而各有所屬，若得晉、楚之事則諸國之事，自然易舉矣。然晉、楚之事詳於周者，蓋周室微弱，號令不及於諸侯，而事權皆出於晉，其次則楚，故晉、楚之事多於周也。他國如齊、如鄭、如宋、如衛，事亦最詳，齊是魯鄰，鄭亦同姓，事關齊、晉、楚諸大國，宋是先代之後，衛是兄弟之國，交際之分深，故事亦最詳也。如秦、如吴，事頗略，後来吴事稍詳者，漸以彊大，侵陵中國，而魯常與之會盟故也。當來丘明作傳，以明孔子之經，若不博采諸國之史，則此傳何由可成？今却以爲載楚事詳，遂謂之楚人，其亦未嘗深求其故，祇見其可笑耳。今止以晉、楚之事言之，則城濮之戰，邲之戰，鄢陵之戰，及趙武、屈建、公子圍爲宋之盟，均載晉、楚之事，辭意之間多與晉而抑楚，而晉自文公以後，世爲盟主，其與諸國盟會事最爲多，而謂楚事最詳，其亦不思之甚。凡疑左氏，他説似此甚多，然亦不足深辯也。

説春秋者，多病左氏浮誇，然其間豈無真實？苟能略浮誇而取真實，則其有益於經者，亦自不少也。學者最忌雷同是非，世人多譏左氏，而澤於左氏往往多有所得，故不敢非之。

左氏援經繫傳，後人見其有乖忤處，多不信其傳，豈可因其短而棄所長哉！若欲舍傳以求經，非特不知左氏，亦並不知經。〔一〕

魯隱公不書即位，穀梁謂之讓桓不正，左氏以爲攝，而不明斷其是非。然既謂之攝，是有先君之命，非諸大夫扳而立之也。應立而讓，則謂之讓；不應立，故謂之攝。桓母素貴，稱夫人故也。惠公晚年再娶，雖是失禮，然須是有王命，然後可以成其爲夫人，所以經書天王使宰咺來歸惠公、仲子之賵。王室知有仲子者，是將娶之時，已請命于王。王之此舉，雖亦失禮，然乃是爲桓公之地以見桓母素貴，則桓公當立耳。又據左氏，「惠公之

〔一〕「左氏援經繫傳……亦並不知經」，元刻本字迹模糊，今據通志堂本補，四庫本作「左氏之作傳也，後人見其有乖忤處，多不信其傳，豈可因其短而棄所長哉！若欲舍傳以求經，非惟不知左氏，亦並不知經」。

薨也，有宋師，太子少，葬故有闕，是以改葬」。如此，則惠公已立桓公爲太子，隱公之立，不過承父命，攝以奉桓，安得謂之讓哉？

宋武公生仲子，以手文之瑞，故魯欲聘爲夫人。然惠公前已娶孟子，蓋已數十年，及晚而再娶仲子，既不可有两適，又難同姪娣，又非是待年於父母家。當時宋人蓋要魯以爲夫人。魯之娶仲子，蓋已先告於天子。若不獲命，則宋人必不與。天子既許，魯乃以夫人禮聘之，則仲子必素貴，與隱母不同。此雖失禮，然却是事之情實。何休以爲隱母是左媵，桓母是右媵，亦不過測度之辭，此亦非是。隱母乃是媵，桓母是失禮再娶耳。既娶而生桓公，未幾而惠公没。隱公之攝，實出於先君之命，使之攝而俟桓長。傳稱惠公之薨，有宋師，太子少，是惠公之時，桓公已正太子之位。夫桓公既已正太子之位，則隱公之攝，乃父命明矣。然則隱雖欲不讓，烏得而不讓乎？又宋魯爲婚姻，而惠公未葬，宋來伐喪，此何故也？豈非以桓公、仲子故邪？夫太子少而隱公立，斯固宋人之所疑者。桓公内有國人歸嚮之情，外有宋之援，使隱果不賢，亦未敢遽奪之也，而况隱之志本能讓乎？穀梁以爲讓桓不正，此不知當時事情，若在當時，必導隱公爲亂，非殺桓公母子不可得國，而隱亦終必不免。此穀梁春秋開卷第一義，最謬者也。若從左氏、公羊，則合事情，而隱之賢終可取。

穀梁謂隱公不當讓，此不達禮之變，而亦不知當時事情。儒者生於後世，而追斷古事往往不合者，不達事情故也。使穀梁生於斯時，則親見當時國人之情，知惠之貴桓，見桓母之存而國人貴之，隱公母事之，而先君立桓之命人之所知，隱公讓桓之舉，實爲能遵先君之命，則自不敢如此説矣。若使穀梁生此時，見此事，而左右隱公，使之自立，則是導人爲不義。此説一萌，不論事之濟否，而隱公讓桓之美意壞盡矣，故儒者若欲追論古人，必若身親見之、親當之，則自然合事情，而無過論也。聖人所以異於人者，蓋雖一切以禮義爲斷，然未嘗迂遠而拂事情。公羊傳曰：「立適以長不以賢，立子以貴不以長。」此三代立子之法，必禮經之言也。

公羊以尹氏爲譏世卿，説春秋者往往從其説，而深闢左氏之妄。澤以爲經所書者皆是史，先有其文，非是夫子創書。凡史書之法，告則書。假令果是尹氏，則所以得書於魯史者，以其來告故也，豈有譏刺之意哉？夫世卿固當時之弊，然其來已久，推而上之，則堯、舜、夏、商亦皆然，但側微者亦達，隱德者必彰，不純用世家耳。世卿之弊，極於周末，人情亦皆厭之，故有譏世卿之説，然春秋治奸名犯分者耳，假令果是尹氏，果是周之世卿，則書一尹氏之死而乃深寓譏刺之意，豈不深險之甚哉？

古策書之體甚嚴，假令果是尹氏，果是天子之世卿，便須考究尹氏名某，既是周之卿，却爲何官？與魯有何交故，乃因卒而登載於魯之史策？既已不知來歷，又何以知其爲譏世卿？或曰尹氏者，天子之公卿，嘗與先君惠公有盟會，故本以名赴，而變文書氏以譏之耳。曰二百四十二年，策書之薨卒，惟夫人書氏，即無男子書氏之例。婦人所以書氏者，所以别同姓。若魯昭公、吴孟子，便不可赴同姓之國，故婦人以氏爲重。其天子之卿、大夫既卒，若與魯有故而來赴，只應曰某官某卒。若曰赴以尹氏而不稱名，則决無之。若曰赴本以名，而夫子特改稱氏以譏世卿，則是夫子始變動赴告策書之制，使二百四十二年之例忽改自王臣，不然則寓貶之意究屬朦朧，使後人惑於男女不辨，夫子斷不出此也。〔一〕公羊、穀梁不見國史，故所載之事與左氏不同，亦多是臆度之辭耳。公、穀之訛，本

〔一〕「使二百四十二年……夫子斷不出此也」，元刻本、通志堂本皆闕，據四庫本補。

非容心，蓋不見事實而得之傳聞，亦無足深咎。但後之學者，〔一〕既見左傳事實，則當依據，而諸家説者，乃更采二傳之事以釋經，如尹氏卒、夫人子氏薨是也。夫所謂尹氏者，謂天子之大夫，書此者，所以譏世卿也，而不知當時國史本無尹氏卒之事。又世卿，周中世以後之通弊，亦非朦朧書一尹氏所能救，聖人褒貶之法，豈若是深晦不明之甚哉？所謂夫人子氏卒者，穀梁以爲是隱公之妻，不知左氏據國史，子氏實非隱公之妻。所以知其非隱之妻者，隱公當國，凡事謙讓，不肯自謂爲君，故史不書即位，改葬惠公，公亦弗臨，衛侯來會葬，亦不相見。蓋皆承父之志，爲桓公之地，既已如此，無緣却以夫人禮喪其妻，又况惠公即無爲子娶宋女之事。惠公在位久，故先娶孟子，後娶仲子，以其是國君故也。隱特庶子耳，何得與父皆娶宋女乎？故知説春秋者，當據左氏事實，不當更惑他説。所以知「尹氏」當作「君氏」者，此蓋是省文法，猶曰君之母夫人某氏云爾。既不純用夫人禮，本難以書，而又以君故，不可不書，是以變其文而書法如此。所以知夫人子氏薨當是桓母者，惠之末年，再娶仲子，惠公之薨，仲子猶在。仲子素貴，當時臣下皆以君位當屬

〔一〕「公羊、穀梁不見國史……但後之學者」，元刻本字迹不清，據通志堂本、四庫本補。

之桓公，故隱公攝以待桓公之年長而授焉，此三傳所通知，則仲子之卒，理應書之史策，無没而不書之理。若據公羊以爲是隱母，穀梁以爲是隱妻，則仲子之卒不見於經，是隱傲然自以爲君而黜桓，不得爲讓國矣。若據左氏，則惠公末年失禮再娶，娶而生桓公，未幾而公薨，蓋遺命使隱公攝而俟桓之長。隱攝之，明年，桓母卒，隱將成桓之爲君，故於桓母之卒，用夫人之禮。及免喪，則考仲子之宫，而初獻六羽焉，此最爲可信、可據，蓋由公、穀不見國史，未足深怪。後之學者既通考三傳，則當有所決擇，去其害義者，豈可故從不根之説，以瀆亂聖經乎？

「齊人伐衛，衛人及齊人戰，衛人敗績。」若據經文，有何意義？及考左氏，然後知經文乃是罪齊，凡左氏有益於經，皆此類。

春秋難通者不一，只如單伯送王姬，經文與二傳亦不同，一以爲送王姬，一以爲逆王姬。又據左傳，則單伯是天子大夫，據二傳則單伯是魯大夫，魯使之逆王姬也。此一事，經、傳皆異，但左氏見國史，則魯實無單伯，實是周大夫耳。然書單伯送王姬在前，書築王姬之館于後，却又似是單伯逆王姬，爲是逆而後築館焉。於事亦似順，此春秋所以難説。及思之積一二十年，然後知左氏經傳爲是，此處頗有曲折，留以爲諸生學問辯難之地。

夫人氏之喪至自齊。杜氏曰：「不稱姜，闕文。」此杜氏之失也。不稱姜，省文，從可知耳。又傳曰：「君子以齊人之殺哀姜爲已甚矣。」此語亦失之，哀姜以淫亂致慶父之禍，兩君遭弑，國幾於亡，魯不能容，出孫于邾，安可聽其稔惡不討乎？般及閔公皆其子，子無討母之理，然則權其宜，當屬之齊，故齊人殺哀姜不爲過。凡左氏之失類此，然其事却可據，不可因噎而廢食，斯善讀左傳者也。

僖公「八年秋七月，禘于大廟，用致夫人」。左傳曰：「禘而致哀姜焉，非禮也。凡夫人不薨于寢，不殯于廟，不赴于同，不祔于姑，則弗致也。」公羊傳曰：「譏以妾爲妻。」穀梁傳曰：「立妾之辭。」三傳所説不同，當以左傳爲是。二傳揣度，不足據也。按左氏，哀姜私于共仲，共仲因此遂欲自立。及共仲弑閔公，故哀姜孫于邾，齊人殺之，而以其尸歸。故僖公立，而請其尸於齊以葬。此皆事之情實，見于經傳者，具有血脉。但夫人雖得以禮葬，然於禮典，不應入廟與享。及八年禘祭，遂以夫人與享於廟，因致之于莊宮。左氏譏其非禮者，爲其不當致而致，違周公之禮也。夫夫人之薨焉，有不在寢者。不在寢，非姦則亂，故絶之，使不得配先君、與祭享。此聖人所以正家謹禮，垂訓于後。而僖公以區區之仁，違禮犯義。厚則厚矣，其如先君之禮法何？此事本末甚完，不可更從他説。

左傳趙盾事，首尾皆實，惟越境乃免，語意不備，故學者多疑之。若曰越境不反乃免，則語意備矣。又趙盾之罪，與欒書、中行偃不同。書、偃親爲弑逆，然經却又只書晉弑其君，又不曾書討弑君賊，當是時莫是書、偃爲政，[二]而别不曾討賊，則弑主非書、偃而何？此等處，雖欲不信左傳亦不可也。若歐公只據經文，則書、偃得免於弑君之罪，如此却出脱了多少惡逆之人。澤於此等處，用工數十年，甫乃得之，須俟一部春秋筆削本旨成，而後其説乃定。今固未可盡發其機也。

左氏「罪在甯氏」之説，澤數年前，猶深闢之，以爲甚贅。及後豁然既有所悟，然後

[二]「越竟……爲政」，元刻本字迹不清，據通志堂本補，四庫本作「越竟有罪乃免，則語意備矣。又趙盾之罪，與欒書、中行偃不同。書、偃親爲弑逆，然經却又只書晉弑其君，又不曾書討弑君賊，當是時莫是書、偃爲政」。

知其謬誤乃在澤，不在左氏。然則讀書而不深思，乃率意譏議古人，大不可也。

公羊傳「許世子止弑其君買」，是君子之聽止也。「葬許悼公」，是君子之赦止也。公羊此處有斷制，亦看得稍活，不窒滯。凡春秋最難明者，是篡弑。穀梁「陳殺其大夫洩冶」，「稱國以殺，殺無罪也」。澤謂穀梁此例，則不知楚殺其大夫公子壬夫、及楚殺其大夫公子側、楚殺其大夫公子追舒、晉殺其大夫里克、晉殺其大夫胥童、齊殺其大夫崔杼，不知如何分別，此春秋所以難説。

春秋所以難明者，蓋春秋是事，易涉訛謬。今同居一城府，城東之事，城西忽爾妄傳，況於春秋列國事最繁，傳聞者有遠近、詳略、真僞，或雜以好惡，即乖其實，如齊東野人之流，蓋不一而足也。公羊、穀梁所據之事，多出於流傳，非見國史，故二傳所載，多涉鄙陋，不足信，但其間却有老師宿儒相傳之格言，賴此二傳以傳於世，辯之亦易也。較之左傳記事有本末，真可以發明聖經，則相去天淵矣。

春秋當詳考事實，以求聖人筆削之旨。而三傳去聖未久，已多異同。如魯隱公不書即位，左氏、公羊以爲是攝，穀梁以爲讓桓不正，三者所見各不同。君氏卒，左氏以爲隱公之母，二傳以爲天子之卿。夫人子氏薨，一以爲惠公妾母，一以爲桓母仲子，一以爲是隱公之妻，遂使三世母妻不辯，汩亂人倫。說春秋之最謬，未有甚於人倫不辯者。僖公八年，禘于大廟，用致夫人。一以爲立妾母爲夫人，見廟。一以爲哀姜有罪，既没，不得入廟，故因大禘而致之，使得與享。一以爲僖公立妾爲妻，因禘而廟見。蓋此一事，或以爲生，或以爲死，或以爲妾母，或以爲妾妻，或以爲適母哀姜，其間非無正説，但爲曲説所蔽耳。

據凡例，考國史，説三叛人名之類，此左氏有益於經。舉大義，正名分，君子大居正之類，此公羊有益於經。桓無王、定無正之類，此穀梁有益於經。公羊名義亦多，如七缺之類，不可廢。所謂七缺者，如「惠公妃匹不正，隱桓之禍生，是爲夫之道缺」。澤舊未見此説，却頗與之合。

晦菴言：「春秋制度大綱，左氏較可據，公、穀較難憑。」又曰：「左氏曾見國史，考事頗精。」又曰：「左傳一部，載許多事，未知是與不是，但道理是如此。」又曰：「左氏是史學，公、穀是經學。史學者，記得事却詳。」

朱子說三傳，以爲左氏見國史，但義理未明，公、穀大義正，却未見國史，此言最要切。又蘇子由教人讀左傳，只是據其事實，而以義理折衷，此亦最爲簡當，學春秋者，不可不知也。

論古注得失

杜元凱作春秋經傳集解之外，自有釋例一部，凡地名之類，靡不皆有。此自前代經師，遞相傳授，所以可信，而學者開口只説貴王賤伯，内夏外夷[一]，尊君卑臣，如事物名件、地理遠近、風俗古今之類，皆置不問，如此則焉往而不疏謬乎？近嘗見一家解叔孫豹救晉，次于雍榆，謂是譏其遷延次宿，不急於救。若澤解此事，便須先考究雍榆地屬何國，去晉、魯遠近幾何。凡師出裹糧，所經過之國，勢須假道，告以救晉之故。又當考究當時救晉者有幾國。今經皆不書諸侯救晉，而獨魯遣豹，次于雍榆，豈得以遷延不救爲罪？且夫救晉者獲貶，則安居坐視者，率皆可褒乎？其非經旨決矣。其不足取信，抑又明

[一]「内夏外夷」，四庫本作「詳内略外」。

矣。[一]推變例以正褒貶，信二傳而去異端，此杜元凱所得，可以爲法，[二]傳之萬世而無弊也。蓋事之異同，雖有其例，而必以義爲斷，方與聖經不背。[三]今人却去了「義」字，只説元凱以例説經，亦可歎也。

杜元凱説春秋，雖曲從左氏，多有背違經旨處，然穿鑿處却少。如説「春秋」二字，云年有四時，故錯舉以爲所記之名。如説「東宮」二字，杜氏却云太子謙不敢居上位，故常處東宮。他人於此等處必不取，然澤却取之者，以其説簡質正大，有所包含，非穿鑿之比。

杜元凱信左氏，澤亦只是信左氏，但立意却微有不同，亦只是毫釐之差，中間却有大相遠處。年四十時，周正之説已分明。至四十五六，春秋忽大有所悟。微而顯，志而晦，婉而成章，盡而不汙，懲惡而勸善，杜氏遂分春秋之事，以類相從，推之以合此五者。然不知有一事而備數義，杜氏蓋未之思也。凡此皆拘滯，而失春秋之大

[一]「其不足取信，抑又明矣」，元刻本、通志堂本皆闕，據四庫本補。
[二]「推變例以正褒貶……可以爲法」，元刻本字迹不清，據通志堂本、四庫本補。
[三]「傳之萬世而無弊也……方與聖經不背」，元刻本、通志堂本皆闕，據四庫本補。

指焉。

「鄭世子忽復歸于鄭」，此是予忽也。予忽，正也。世子則明當爲君；明當爲君，則突之彊暴簒奪可見矣。杜氏以爲貶忽，非也。

魯僖公夫人姜氏，杜氏以爲是齊桓公兄弟同出于齊僖。據傳則僖公即位之初，距齊僖之後四十年矣，元凱何不思之甚歟？若以爲是齊襄公女，則於適母哀姜爲妹，父子同娶於齊襄，亦恐無此理。若以爲是齊桓女，則於事體無嫌，何故經傳皆不載其事？又况齊女素貴，魯若無慶父之難，則僖公不過庶公子耳，彼豈肯嫁庶公子乎？八年秋，七月，禘于太廟，用致夫人。説者遂謂立妾爲妻，其誣罔甚矣。夫姜者，齊姓。僖公既未嘗娶于齊，何故有姜姓娣姪，立以爲妻乎？又禮記稱：「夫人之不命于天子，自魯昭公始。」則昭以前，皆須請命于周，無立妾之事。又傳稱自桓以下娶于齊，此禮也則有。若以妾爲夫人，則固無其禮，如此則謂僖立妾致廟以當廟見者，豈非誣罔之甚哉？曰：「然則此夫人姜氏兩書于經者，誰女也」？曰：「去古既遠，雖無明文可憑，然以意推之，疑是子糾之女耳。」子糾死，而其妻孥在魯。僖公爲庶公子，年長，故得聘其女焉。事既在前，經傳無由得見，然則姜氏自與齊桓爲讎，但僖公却又與齊桓共修伯業，以翼戴天子，所以同會齊侯于陽穀，[一]又會齊桓于卞，以桓公是叔父，焉可無勞？爲其舊有讎怨，故須久而後見。[二]此固無明文，但以胡文定推論哀姜事例之則，有可信之理耳。[三]蓋春秋是事，須先考事實，而後可以求經旨。若不得其事之實，而遽欲評論是非，則如杜氏之詳密，亦不免於誤也。

魯十二公，惟莊公、成公是適，然獨莊公經傳皆見，成公則經傳皆無明文，但據杜氏，以穆姜爲成公母，穆姜是宣公夫人，則成公當是適，然經既不書成公之生，則杜氏之説亦未可據也。又陸氏作音義，十二公惟成公不書母氏，蓋經傳無所據故也。然又有説春秋諸侯會盟征伐多故，設令是適長，而始生之時，君或在外，亦不得行舉子之禮，此又以事情知之。

説春秋，如杜預、范甯儘精詳，蓋猶是推究書法，有所憑依，特識見尚有未到，所謂差之毫釐，謬以千里。

[一]「業，以翼戴天子，所以同會齊侯于陽穀」，元刻本字迹不清，據通志堂本、四庫本補。
[二]「焉可無勞？……久而後見」，元刻本字迹不清，據通志堂本補，四庫本作「焉可無勞？爲其夙有讎怨，故須久而後見」。
[三]「論哀姜事例之則，有可信之理耳」，元刻本字迹不清，據通志堂本、四庫本補。

近世說春秋，謂孔子用夏正。考之三傳，未嘗有夏正之意。何休最好異論，如「黜周王魯」之類甚多。若果用夏正，則何氏自應張大其事，今其釋公羊傳，亦止用周正，如「冬十一月，有星孛于東方」，何氏云：「周十一月，夏九月，日在房心是也。」惟「西狩獲麟」，解云：「河陽冬言狩，獲麟春言狩者，蓋据魯變周之春以爲冬。去周之正，而行夏之時。」詳其說，亦只謂孔子書狩於春者，以周之正月、二月是建子、丑之月，於夏時爲冬，故書狩。夫以春而書狩，此何氏所以謂之去周正而行夏時，蓋緣此年不書王正月而止書春，故何氏有此論。然以前二百四十一年，皆据周正以解公羊矣，獨此年有此論，亦所謂立異論之一者。又按何氏云：「絶筆於春，不書下三時者，起木絶火王，制作道備，當授漢也。又春者歲之始，能常法其始，則無不終竟。」又曰：「得麟之後，天下血書魯端門，曰：『趨作法，孔聖没，周姬亡。彗東出，秦政起，胡破術，書紀散，孔不絶。』子夏明日往視之，血書飛爲赤烏，化爲白書，署曰衍孔圖，中有作圖制法之狀。孔子仰推天命，俯察時變，却觀未來，豫解無窮，知漢當繼大亂之後，故作撥亂之法以授之。」觀何氏此説，怪誕穿鑿，則無怪其於春秋之終而謂孔子改周正也。然何氏亦只謂此一年耳，而近世説春秋者，遂謂周不改時，又謂二百四十二年，皆用夏正，大失聖人尊王之旨，豈非何氏作俑之過哉？

「齊人取子糾，殺之。」穀梁以爲千乘之國，而不能存子糾。范甯序謂：「穀梁以不納子糾爲内惡，是仇讎可得而容。」又注引何休曰：「三年，溺會齊師伐衛，故貶而名之。四年，公及齊人狩于部，〔一〕故卑之曰人。今親納讎子，反惡其晚，恩義相違，莫此之甚。」鄭君釋之曰：「於讎不復，則怨不釋。而魯釋怨，屢會仇讎，一貶其臣，一卑其君，亦足以責魯臣子，其餘則同，不復譏也。至於伐齊納糾，譏當納而不納耳。此自正義，不相反也。」甯謂：「讎者，無時而可與通。縱納之遲晚，又不能全保讎子，何足以惡内乎？然則乾時之戰，不諱敗。齊人取子糾殺之，皆不迂其文，正書其事。内之大惡，不待貶絶，居然顯矣。二十四年，公如齊親迎，亦其類也。惡内之言，傳或失之。」澤謂鄭君之説，雖或未備，然大抵却是委曲推究，與近世説春秋者不同。范氏「讎，無時而可與通」之説，雖若正大，然不察事之情實，而失之執滯也。若果不可通，則此後桓公伯諸侯四十餘

〔一〕「部」，四庫本作「禚」。

年，率諸侯以尊王，魯亦常在其中，却如何說？夫鳥獸行，殺桓公者，齊襄也。齊襄之罪，王法所當誅。王室既不能誅，魯力又不足復讎，而襄公已爲國人所弑，則魯又如何欲遷怒餘人乎？子糾、桓公乃僖公之子，襄公之弟，聖人蓋恕魯力之不能復讎，而深責其不當與讎通，故已屢書而致其意矣。及讎人貫盈而自罹於禍，國内無主，魯若於此時奉糾而立之，誅其凶亂，則亦庶幾可以雪恥。此實無害於義，惟莊公之意，亦豈不欲如此，然第失事機，故非但無益，而更取敗耳。若如此看，則春秋始可通，而無執滯矣。

春秋師説卷中

新安　趙汸　編

論漢唐宋諸儒得失

周末及秦漢間，用刑刻急，士多習文法，故説春秋者，往往流爲刻急，如公孫弘以春秋之法繩臣下，唯知苛刻而已，其於經旨安在？

史記趙世家：「孔子聞趙鞅不請晉君，而誅邯鄲午，保晉陽，故書春秋曰：『趙鞅以晉陽叛。』」澤謂若依史遷之説以説春秋，則輾轉迷誤聖經，更無可通之期，且形容得聖人不過是一直史，亦可謂不知體矣。諸儒説春秋，其失大抵如此。

三傳重於漢而輕於唐，自韓退之「春秋三傳束高閣」之語爲盧同發，而啖、趙、陸氏及孫泰山之學爲時所尚，故歐陽公説趙盾事，皆不用三傳，而三傳愈輕矣。蓋啖公佐始疑左傳爲作俑之首，而喜攻左傳者，常佐佑其説，左氏又不幸，誠有所短，諸公遂因其所短，併其所長，厭棄之。觀伊川於論語中有一二事，皆不取三傳，則其不信左氏亦多矣。

夫不取左氏，而並不用二傳，則固應多用新説。

凡左傳於義理時有錯謬，而其事皆實。若據其事實，而虚心以求義理至當之歸，則經旨自明。澤之所得，實在於此。然則學春秋者，姑置虚辭，存而勿論，而推校左傳之事以求聖經，此最爲切實，庶幾可得聖人之旨矣。或謂先儒泛論大義，今皆指爲虚辭，毋乃矯激之甚歟？曰：自唐以來説春秋者，高遠之辭日勝。高遠之辭日勝，則經旨當明矣。而春秋訖無定論，乃更盡疑三傳，並與經之時月，皆欲變易之，則其末流又當何如乎？故皆一切斷以虚辭，將使學春秋者，黜其聰明，而專務簡要，此斂華就實之説也。

桓公十三年，「春二月，公會紀侯、鄭伯。己巳，及齊侯、宋公、衛侯、燕人戰齊師，宋師、衛師、燕師敗績」。公羊以爲，宋與魯戰。穀梁以爲，紀與齊戰。趙匡考據經文，内兵則以紀爲主，而先於鄭，外兵則以齊爲主，而先於宋，獨取穀梁之説。澤謂捨左氏可據之事實，而從穀梁臆度之文，非能明春秋者，且謂「内兵以紀爲主，而先於鄭」，其説尤誤。蓋此是鄭求魯、紀以與四國戰，而以王爵序先後耳。紀，侯爵，位在鄭伯之上，安在以紀爲主乎？此事止當據左氏經傳尋其端緒。桓公欲平宋、鄭，故一歲之内三與宋公會盟。及鄶之會，宋公不從，而後公會鄭伯，盟于武父，此魯、鄭伐宋之本也。故武父之盟既畢，經書「十有二月，及鄭師伐宋。丁未，戰于宋」。戰未得志，故明年二月，公會紀侯、鄭伯及齊侯、宋公、衛侯、燕人戰。如此則紀自是魯與鄭之與國耳，豈可謂紀與齊戰，而又謂「内兵以紀爲主」乎？故傳又曰：「宋多責賂於鄭，鄭不堪命，故以紀、魯及齊與宋、衛、燕戰」。宋爲鄭所伐，故十四年冬，經書「宋人以齊人、蔡人、衛人、陳人伐鄭」。左氏之事，深可據焉。故謂紀與齊讎，而爲此戰者，臆度之辭，非事實也。

先儒云：「春秋者，聖人之刑書。」謂春秋不用刑亦不可。然若專以此求春秋，則是聖人尚刑，不尚德也。孟子曰：「春秋無義戰，彼善於此，則有之矣。」又曰：「其事則齊桓、晉文，其文則史，其義則某竊取之。」又曰：「孔子懼，作春秋。春秋，天子之事。」自有春秋以來，惟孟子獨見大意，其次則莊周亦説得較平，所謂「春秋經世，先王之志，聖人議而不辯」。此最説得好。

凡説春秋，不可惑虚辭，當務求切實，若胸中無主，更惑虚辭，則終無所得矣。如杜元凱春秋序大意儘明，然求其切實，則與序文不相稱，蓋解經文時或錯謬。杜氏且如此，况其他乎？董仲舒説春秋，大義誠可觀，然在澤亦止作虚辭看，蓋仲舒學公羊者也，焉能改於其失？既未能改於其失，則去經旨亦遠矣。所説雖善，豈不近於虚辭乎？所謂切實者，謂於聖人所書二百四十二年行事觀其實有所見否也。如杜氏釋正月不書王，云：「失不班曆。」此是實無所見。夫不書王者，罪諸侯也。今云不班曆，則是更貶王室，義轉錯謬矣。此是求其切實，而不得經旨者也。所謂虚辭者，謂如尊君卑臣，貴王賤霸，崇周室抑諸侯，若此之類，其義雖正，然本是古今之通義，人人所知，未是切要之法。今有人能誦此説，似乎通曉，及至以一部春秋付與之，使之著筆，則亦莫知所措矣。故凡一切紛紜錯雜之説，誠亂人意。若胸中無主，既爲三傳所惑，又益以二注及啖、趙、孫泰山、胡文定諸公參差不齊之論，則經旨何時而可明歟？如孫泰山云：「春秋有貶而無褒。」若據此解經，則不勝舛謬。又或以爲，春秋皆是有過則書，亦豈有此理？惟孟子云：「其事則齊桓晉文，其文則史。」又曰：「春秋無義戰，彼善於此，則有之矣。」此最爲平正，不失之偏。澤所以多取左氏、杜預者，以其稍平，不甚矯激，可因以推求經旨，但世人多惑於韓退之諸人之論，不肯深信，是以徒學其文辭，而於經實無所推明耳。昔有問於程子：

「左氏可信否？」曰：「未可全信，信其可信者耳。」此言本公正，但學者素疑左氏，又得程子此言，轉更疑惑。如「元年春，王正月」，自古未有說用夏正者，程子以後，學者始有用夏正之說，是春秋第一義，已不信左傳矣。時月既不可信，則一部左傳所載事實，皆可目爲虛妄，豈但不可全信而已哉？且三傳皆是周正，若用夏時，則三傳皆可廢，不但左傳也。先儒說春秋，大義雖可觀，及夷考其事，則所說多不合聖人意者，蓋先儒不曾深考書法，所以翻致乖異。左氏、杜預，欲求書法而未得，然比之諸家，尚有繩準。近世諸儒，雖務明大義，而書法未明，故大義亦晦。

諸儒說春秋，於經不合，則屈傳以伸經；於傳不合，亦屈經以伸傳。屈經伸傳者，杜預輩是也；屈傳伸經者，若胡文定諸公是也。夫其屈經也，不言可知其失矣；而屈傳者，亦未必真合於經。如曰「經文脱漏」經誤之類，是屈經也，然不知有未嘗脱漏、未嘗誤者存。如君氏爲尹氏，仲子非桓母之類，是屈傳也，而不知傳之事實，有不可誣者。

春秋、周易二書，大旨皆失傳，然周易於教義，雖未甚明，亦未甚失，蓋周易所失者象學，象學不傳，則無以窺見聖人精神、心術之妙，而易之所謂不測之神者，不可得見，然而於世教未甚害也。若春秋，則自孔子没，大義即乖。左氏雖見國史，然其舛謬亦自不少，况公、穀乎？故春秋一經，開卷即有同異，如書元年春王正月，只不書即位，公羊、穀梁意見自殊。及至近世，又謂夫子用夏時冠周月，其爲聖經之害，莫此爲甚。其間先儒之説，害義傷教者，不可枚舉，是春秋雖具存，而本旨既失，遂無以識聖人維持世教之實，而其謬説足爲世教之害者不少焉。

近世士大夫，多闢先儒春秋用周正之説，以爲時不可改，甚者至以爲月亦不可改，如「七八月之間旱」，與「十一月徒杠成，十二月輿梁成」。趙岐釋以周正，晦菴亦從趙岐，而近世説者，以趙岐爲非，則是並晦菴皆非之矣。此是本無所見，而妄生事端，以疑惑聖經，爲害不細。前世士大夫學問，却未見有如此者。又見一説，以爲正月者，是魯之正月。魯，諸侯也。諸侯正朔禀於天子，安得有正月？彼蓋嫌杜氏王周正月，以爲周不曾改月，焉得有王正？故讀王字歇句，而以正月爲魯侯即位之首月，其説妄誕不可解矣。審如此，何不去却「王」字，以見明白乎？據其説，添一「王」字是爲尊王，而不與上下文相屬，不成文理矣。

春秋「王正月」，三傳及三家之注，同是周正建子之月，別無異辭。惟近代二百年間，始有夏時之説。胡文定公云：「以夏時冠周月。」蔡九峯云：「商、周不改月。」蔡西山説亦同。尹和靖解「行夏之時，乘殷之輅，服周之冕」，云：「其大綱見於此，而條目見於春秋。」於是三傳愈不可信，而夏正之説起矣。晦菴先生曰：「某親見文定家説，文定春秋説夫子以夏時冠周月，以周正紀事，謂如『公即位』，依舊是十一月，只是孔子改正，作『春正月』，某便不敢信。恁地時二百四十二年，夫子只證得個『行夏之時』四個字。據今周禮有正月，有正歲，則周實是元改作春正月，夫子所謂行夏之時，只是爲他不順，欲改從建寅。如孟子説『七八月之間旱』，這斷然是五六月。『十一月徒杠成，十二月輿梁成』，這分明是九月、十月。」晦菴之説明白如此，而不能救學者之惑，可勝歎哉！

春秋遵用周正，理明義正，無可疑者。胡文定公始有夏時冠周月之説，蔡氏雖自謂晦菴門人，而其書傳乃直主不改月之説，亦引商、秦爲證，是不改月之説，開端於文定，而遂成於蔡氏。按胡氏云：「以夏時冠月，垂法後世。以周正紀事，示無其位，不敢自專。」據此，所謂「以夏時冠周月」，最害大義，於聖經之累不小。據所引商、秦不改月爲證，是周亦未嘗改月。據夏時冠周月，是孔子始改時。又云：「仲尼無其位，而改正朔，則是正月亦皆孔子所改。」其舛誤最甚，蓋由所見實未明，而欲含糊兩端，故雖主周正，而又疑於時之不可改，既主夏時，而亦疑於建子之非春。是以徒費心思，而進退無據，其誤在於兼取用夏從周，是欲兩可而不知理實不通，古人注釋縱謬，却不至此。

莊七年，「秋，大水。無麥苗」。杜氏曰：「今五月，周之秋。平地出水，漂殺熟麥及五稼之苗。傳云「無麥苗」，不害嘉穀也。杜氏謂：「黍稷尚可更種，故曰不害嘉穀。」澤謂：「苗者，五稼在田之通稱。」孟子云：「宋人閔其苗之不長。」又曰：「惡莠，恐其亂苗。」漢書「立苗欲疏」，唐史稱「青苗」，皆謂此也。今此書「無麥苗」，記異耳。一穀不登不書，而或書無麥者，以舊穀既没，新穀未登，此時麥爲民食之最重，故特書也。今此是斗建午之月，當是水與雨會，故麥熟未得斂，而四月已種之穀成苗，亦爲水所漂。又是年本不熟麥，而又與水會，並穀苗皆無，春秋二百四十二年，惟此年一見，所以爲異。此年不書饑者，蓋水亦旋退，更種他穀之故。今之世，謂春秋用夏正者，則以麥、苗爲一物，謂秋水漂殺麥之苗也。澤謂：若以爲夏正，則種麥成苗在先，水至在後，當是九月之水。九月而始大水，古今罕有之事，一不通也。經書無麥苗，又書大無麥禾，皆是據收成之後，計有無而書。若以爲九月無麥之苗，則所繫未重，經決不書，二不通也。設令是五六月水，至八九月未退，不曾種麥，故書無麥苗，亦已可疑，況書秋大水，若以爲建戌之月，則水之害亦止於秋，至冬十月，則水已退，二麥尚可種，豈得遽云無麥苗乎？〔二〕三不通也。

據三傳，商、周皆改月。據豳風，則三正之説，實不可破。若據周禮，則建子之正，以之布政、讀法。夏正，夏時謂之正歲，以施之民事，初不相妨。若按史記，則周家建子改正之説甚明，自可以破近代學者妄引商書之牽合。今學者若辨得，看史記則周家改時月自明，但一向雷同是非，如侏儒觀戲，更不暇考耳。

史記秦紀書「冬十月」，故先儒皆謂商、周不改月。以澤觀之，史記年月甚有法，諸公亦看得未詳，所以致誤，但看年表等書，便見史遷詳密處，若曉得其法，然後可決春秋之疑也。

〔二〕「乎」，四庫本、通志堂本皆闕。

莊公元年，不書即位，當據公羊傳爲正。其言曰：「公何以不言即位？春秋君弑子不言即位。君弑，則子何以不言即位？隱之也。孰隱？隱子也。」何休曰：「隱痛是子之禍，不忍言即位。」公羊此義當矣。穀梁則曰：「繼弑君，不言即位，正也。繼弑君不言即位之爲正，何也？曰先君不以其道終，則子不忍即位也。」其説雖正，然不及公羊。蓋據公羊，則知是聖人所改。據穀梁，則是作史者皆當如此書，故知公羊之義爲得。所以必須似此推校者，蓋公羊之義正。則胡文定「爲世子必誓於王爲諸侯。内無所承，上不請命，擅有其國，春秋絀而不書」其説太矯激，非正矣。夫莊公爲太子，蓋已誓於天子，天子已知其應立。及君薨，則太子嗣位，嗣位而告喪、告葬，歷三代，蓋已有定例。方其告喪、告葬，天子使來歸賵，此是舊典應如此。及周之衰，賵贈錫命之禮，雖有遲速，或至全闕，然嗣子承統，必告天子，當已在告喪之時，决無不請命，擅有其國之理。又設令世子嗣位、告葬，雖未獲天子之命，然如期而葬，名正言順，先君既以禮葬，嗣子名亦已達於天子矣，豈可以爲擅有其國乎？惟不書即位，當是夫子所削，蓋桓公以去年十二月葬，則莊公必用踰年改元之禮，夫子以爲，父死於外，子當隱痛，故不書即位，此公羊之義所以爲得，文定之説失之太過也。

「及齊師戰于乾時，我師敗績。」胡先生曰：「能與讎戰，雖敗亦榮。」以敗爲榮，似非正義。又王師尚不諱敗績，魯，諸侯也，敗績亦安得不書？又「公敗齊師於長勺」，云：「齊師伐魯，經不書伐，責魯也。詐戰曰敗，善爲國者不師。善師者，不陣。善陣者，不戰。至於善陣，德已衰矣。而况兵刃相接，又以詐謀取勝乎？故書魯爲主以責之。」澤謂：桓公死於齊，莊公不能復讎，及讎人貫盈而死於弑，國内無主，而僖公之子糾逃難於魯，魯納之，又不能集事，乾時之敗，狼狽而歸。鮑叔帥師來脅殺子糾，譎取管仲，當是之時，魯幾於不能國矣。公若不敗齊師于長勺，敗宋師于乘丘，又敗宋師于鄑，則亦何以立國？君子於此，當恕人之情，抑彊扶弱，豈得更復責魯？故知立論不可失之太過。

莊十三年，「冬，公會齊侯盟于柯」。胡先生曰：「始及齊平也。世讎而平，可乎？於傳有之，敵惠敵怨，不在後嗣。」據此説最爲平正，意不執滯。蓋在前，讎無可通之理，及襄既以惡死，納糾之事，亦已在所可爲。糾乃僖公之子，不得稱讎，惜魯力不足以納耳。桓公既立，以魯納糾之故交兵，互有勝負。既而爲柯之盟，齊、魯始平。自此之後，不當復言讎矣。夫姦淫之罪，止在其身，豈可遷怒乎糾與小白？既是僖之子，故柯盟無所諱也。

胡文定公春秋傳用舊説者多好，如子同生，只據左氏傳發明，自然正大，其曰：「此世子也。不曰世子，何也？天下無生而貴者，誓於天子，然後爲世子。」皆正當之論。

按林少穎曰：「記曰：『成王以周公有大勳勞於天下，賜之重祭，郊社禘嘗是也。』由是而推，則魯之用禘，止行於周公之廟，而上及文王耳。文王即周公所自出故也。此祭唯得於周公廟爲之，閔公乃於莊公廟行之，其僭禮甚矣。」林氏之説，即趙伯循之説。趙氏誤取禮記斷章，澤已辯之於禮經大典矣。今按此尊文王爲所自出，而以周公配，則實舛謬不可解。緣魯自有文王廟，謂之周廟，其周公之廟，謂之太廟。今於周公廟禘享文王，則當於周公廟迎文王主，以就食於周公，以尊就卑、以父就子，恐無此理，故澤直截斷以爲不然。據禮器云：「周旅酬六尸。」是迎六廟之主，以就食於太祖。以卑就尊，於禮爲順，實無尊就卑之禮也。若曰於周廟禘文王，迎周公以配，則禮尚順，但亦恐太僭，蓋絶類王者。又況遍尋傳記，亦無文王廟禘祭事，學者於此當闕疑，安得率意而言也？

「禮，不王不禘。王者禘其祖之所自出，以其祖配之。諸侯及其太祖，大夫、士有大事，省於其君，干祫，及其高祖。」蓋言惟王者然後有禘。禘者，謂於始祖之廟禘所自出，而以始祖配之。不言群廟者，以下文諸侯、大夫、士推之，從可知也。蓋諸侯則四親廟而上及太祖，天子則自親廟而上及始祖之所自出。其義甚明，非謂止於祖廟祭所自出，而群廟皆不與也。周公廟自合子孫以祭，則謂之禘，經書禘于太廟是也。若文王廟，則以四時舉常祀，理應特祭，若應禘之歲，或可迎周公主於周廟，以配享文王，如此則禮意不舛。然魯禘乃是變禮，不皆與天子同。

先儒謂魯禘非禮，成王不當賜，伯禽不當受。澤以爲據禮記，夏、商諸侯皆有禘祭，是時祭之名。周始廢諸侯禘祭，而獨魯周公得行此禮者，是以殷諸侯之盛祭與之，所以示不臣。周公用殷禮，則於周不爲僭，此是成王斟酌禮意，所以殊異周公。然雖用殷禮，亦是五歲一修，非常歲之祀。其後周室既衰，始僭用於群公之廟，所以孔子稱魯之郊禘非禮者，爲此也。郊之非禮，是平王時魯請于周天子，使史角賜以此禮。曰：「然則何以知魯周公廟禘祭之爲殷禮乎？」曰：「諸侯禘祭，本是殷禮，所以周公之牲是白牡，故魯頌曰：『白牡騂剛。』白牡是殷牲，周公用之。騂剛是周牲，伯禽用之。因此又知魯太廟祀周公，伯禽以下皆與，此即殷時諸侯禘祭之制，周人以其太盛，逼近天子，故代之以禴，禴則從薄，薄則不合祭，而於當祫之歲，舉祫祭焉。鄭氏云：『三歲一祫。』若魯則當祫之，歲禘于周公，此爲最異耳，然雖是殷禘禮，而三歲一修，或云魯三歲一祫、五歲一禘，但魯公以下，雖皆與祭而禮秩視周公則皆降，其後諸公始皆用僭禮。」

「禘于太廟，用致夫人。」左氏曰：「禘而致哀姜焉，非禮也。」林少潁取公羊之説，謂：「以妾爲妻云致夫人者，時君之夫人也。以公無逆女，夫人至之文，則知妾媵而立爲夫人。致之太廟，以當廟見之禮。」此説恐非是。據春秋，惟哀公以妾爲夫人，僖公之時，猶秉周禮，不應全不畏公論，而顯然致妾於太廟。又齊桓時爲霸主，桓公之命曰「無以妾爲妻」，豈有切近與齊世婚莫如魯，又是周公之後，乃公然廢周禮，違霸主之命，而以妾媵爲妻？恐實無此事。又古者諸侯娶而後有妾媵，所謂一娶九女也。今以妾媵爲妻，是僖公嘗正娶矣。然則僖公果娶何國之女乎？據僖十有一年夏，公及夫人姜氏會齊侯于陽穀。又十有七年，經書：「夏，滅項。秋，夫人姜氏會齊侯于卞。」然則此夫人姜氏再書于經者，豈所謂妾媵耶？其不可信必矣。詩人頌僖公曰：「令妻壽母。」若以妾媵爲夫人，豈所謂令妻乎？又傳嘗譏哀公立妾爲夫人曰：「自桓以下娶於齊，此禮也則有。若以妾爲夫人，則固無其禮矣。」如此則哀公以前未嘗有以妾爲妻者，故知當據左氏事實，以禘而致哀姜，著失禮爲正。

林氏曰：「三傳謂虞、虢爲諸侯，愚以爲非。夫當時諸侯，無小大遠近，皆與魯有朝聘之交、喪葬之及與盟會征伐，虞、虢若實諸侯，安得六十餘年未嘗有事書于經乎？周封諸侯，唯宋以王者之後得封公，其他雖周公、太公之子，亦不過侯爵，虞公安得特封公乎？凡國名必取之於其地。今云虞者，獨取於其字，豈諸侯乎？然則虞公者何人耶？曰天子三公，如周公、祭公之類也。虢君亦然。雖於經無見，然左傳謂之虢公醜，則又何以知其非諸侯乎？凡經書滅國，必曰滅某國；奪邑，則曰取某邑。虢實列國，則何不云滅國，而曰滅下陽乎？故知下陽者，虢公之采地，非國也。不曰晉取者，天子之地，非諸侯所得取，故云滅，使若國然。故虞亦不云滅，而但云晉人執虞公。聖人意者，不忍周室之衰，諸侯再取其地，故不斥言，而微文以見意，猶王敗于鄭，而經乃云陳人、蔡人從王伐鄭，與茅戎戰而敗，經不書戰，而云敗績于茅戎之類也。前書虞師、晉師滅下陽者，罪虞爲首惡也。此書晉人執虞公者，見晉執天子之三公，不道之甚矣。」

林少穎有春秋説數十處，然大抵不純，其書時日月下篇最善。其言曰：「或曰經之書月、書日，豈都無意乎？曰此史例也，非經意也。何以言之？夫史以編年爲書，故必書日月以次事之先後。若事無巨細，槩書月、書日，則事紊而無條矣。勢必先爲之法，何等事則時而已，何等事則月之，何等事則月而又日之，所以分事之輕重緩急也。故事之緩者，則書時或月；事之急者，則書日焉。所謂緩者何？人事則朝聘、會遇、侵地、伐國、逆女、乞師，災異則螟、水、旱、無冰、星孛之類，皆非一日之事，故或時、或月焉。所謂急者何？祭祀、盟戰，外諸侯、内大夫卒，災異、日食、地震、星隕、火災之類，皆一日之事，故日之也。間有當日而不日者，史闕文也。且日食當日者也，莊公之世有不日者二。内大夫卒，亦當日者也，自隱至宣，時有不日者，蓋世遠而簡編有不完者也。又有例皆不日而日者，如經書葬諸侯幾百處，書日者數處而已，蓋諸侯之葬，雖有以我往而書，然亦須彼來告，而我方往也，故告以日則書日焉，然則葬多不以日告者，不可必其日也。以魯國猶有雨不克葬者二，況他國乎？或曰葬而來告，豈有據乎？曰成公十年，五月，晉侯獳卒。七月，公如晉。明年三月，始還自晉。晉侯書卒而不書葬者，以公在其國而不來告也。夫事或時而不月，或月而不日，或時月而又日之，舊史之文也。二百年後，而孔子修春秋，使直欲書日以謹惡，而史或闕之，則何以補之哉？孟子曰：『其文則史，其義則丘竊取焉。』則以知尊王律諸侯，誅叛黜僭，此出於聖人修經之法也。若夫編年以著代書時日月，以别事之同異，皆循舊史而無所增損焉。」林氏書時月日凡兩篇，此篇最當理，故録以備觀覽。

晦菴先生所以不主張春秋學者，蓋三傳已有異同，而諸家又無定説，所以答門人問，云：「諸家春秋解，某信不及。胡文定公春秋解，某亦信不及。知得聖人意思是如此否？」又謂：「學春秋者多穿鑿。」嘗謂學者曰：「今如此穿鑿，説亦不妨。只恐一旦地中得孔子家奴出來，説夫子當時之意不如此耳。」又曰：「春秋自難理會。」又曰：「此生不敢問。」又門人問：「春秋一經，夫子親筆，先生不可使此一經不明於天下後世。」曰：

「某實看不得。」問：「以先生之高明，看如何難？」曰：「劈頭一个王正月，便說不去。」又曰：「其間極有無定當難處置處。」按先生前後答門人之說，大略如此。所以先生終不肯解春秋者，亦由衆說不齊之故。然亦須曉先生微意，蓋說春秋者，多泥褒貶，先生主意，不欲泥褒貶，是欲矯諸家之失。孫明復說有貶無褒，先生則云：「『晉士匄帥師伐齊，至穀，聞齊侯卒，乃還。』分明是與他。」是欲正孫明復之失。又當時說者尚新奇，故獨取蘇子由、呂居仁說得較平，是不取過高之失。又如定三傳是非，便見三傳之失。不取諸家，便見諸家之失。此等處亦已分明，但當時胡文定公春秋方爲時所尚，先生若解此經，須是看得處處完備乃可，如此則亦甚難，然先生於大意已得之。澤之用工亦大略如先生所說。又先生謂左氏見國史，事可據，澤亦只依據左氏事實，別無他巧。又澤今日理整此書，亦是伊川、晦菴欲爲而不及者，所以自謂是補續先儒未了之工也。

春秋所以難說者，蓋是去古既遠，多失事情。然公、穀去古甚邇，而訛錯已不一，況其他乎？如魯隱、桓，齊子糾、小白，雖歷世大儒，亦莫能通其說。據何休，以桓母是右媵，隱母是左媵。據澤說，桓母是失禮再娶而非媵。子糾之死，則據論語子路問管仲之事，夫子不答所問，而專論管仲之功。子貢有疑於夫子之言，故又問曰：「管仲非仁者與？桓公殺公子糾，不能死，又相之。」可謂善問矣，而夫子亦殊不答所問，乃更推大管仲之功，至有「微管仲，吾其被髮左衽」之言。學者疑之，而皆不得其説。集注引程子之説以釋疑，以澤所見，此不過用後世大夫、士、庶人之禮，以定尊卑，以斷春秋諸侯，恐未能釋疑而更增疑耳。不知古者諸侯立子，自有定論，乃是論其母之貴賤，初不以年，唯立適而後論年耳。故公羊傳曰：「立子以貴不以長，立適以長不以賢。」其義甚明。必如此而後可以杜争端，定民志，是故庶子雖甚長且賢，可以爲君，而適子甚幼，未堪國事，然聖人禮制乃在幼適，而庶長不論也。

春秋關涉大義最緊切者有二事，桓公、子糾，齊陳恒是也。古人立子，皆須論其母之貴賤。諸侯一娶九女，皆有一定之班序。據左傳，齊桓，衛姬之子。杜氏曰：「衛姬，齊僖公妾。」又曰：「子糾，桓公庶兄。」史記亦同。子糾母，魯女。既是魯女，則位次不卑，當在衛姬之上。伊川既不信左傳，而專以年長斷其當立，又不復論其母之貴賤，然則適夫人無子，而媵妾皆有子，倘賤妾有子，而年又長，則當立賤妾之子乎？足以見當時禮制之必不然矣。夫媵妾既多，貴賤無等，寵子争立，而無禮以爲之裁制，將如之何？故九女班序之制，决不可易，聖人所以辯上下而定民志，古人用之，安可廢也？娣媵之見於經者，如堯之二女，其一即娣。紀叔姬是從姊而嫁，亦娣也。伯姬歸于宋，經書三國來媵，則媵之名見於經者如此。詩曰：「諸娣從之，祁祁如雲。」則娣之見於經者，又如此。何休注公羊之説，蓋雖衆多，然於其中，須有上下、貴賤、少長，如無適子而立妾子，則各隨其母之貴賤，而不專以年。若如伊川，以桓公是兄，則以桓公爲當立，而不知非諸侯立子之制也。夫宫閫之制，若非班序、貴賤之分素定，則亦常爲亂階，故何休立子之制，説春秋者决不可廢也。伊川固不屑於此。若澤則不過依三傳可據之文，探諸家禮意之合於人情者，而又别尋向上工夫，則如桓公、子糾之事，亦已明白，初不在於翻倒傳注，而别爲之説也。桓公、子糾事在春秋經傳甚可解，在論語則甚難，既未有人曉得，只當闕疑爲是。所謂向上工夫者，今且略説，蓋古人立子論適不論年長，縱不是適，亦須論其母貴賤。如晉人欲立長君，選擇群公子，亦先論其母。今既不知子糾之母貴賤，已是難斷，所以只當闕疑，但據穀梁先序公子糾，次説公子小白，公羊謂桓公爲篡，子糾貴，宜爲君，此是當時事情。又荀子謂桓公殺兄争國，則子糾是，於次應立。推尋到此，只見得桓公是篡，所以向上更有工夫，推到極處，則聖人之意自見，而論語方可説。又子路、子貢亦只曉得桓公是篡，蓋當時公論不直桓公，所以疑而問。公羊以桓公爲篡。今試立例以推之，謂如齊襄公是適長嗣位，子糾是齊僖右媵之子，桓母却非兩媵之數，乃是衆妾之子，則桓公是篡。若襄公是右媵或左媵之子，而與子糾同母，桓母却是衆妾，則桓公亦是篡。若子糾母是右媵，桓母是左媵，子糾於次亦應立。若子糾母是夫人娣姪，桓母却是兩媵娣姪，則子糾亦應立。此又是一節工夫，上面更有工夫。在澤推春秋如推校日曆相似，分毫不可差忒，推到盡處，自然見聖人之心。然亦有窮極推不得處，却須要悟，如桓公、子糾事，非悟則不化，不化則終礙理。

子糾之事，今更推未盡之説，謂如公子遂生稱公子遂，死稱仲遂，古人名字似此者不一。用此例之，則公子糾生，則以魯君故單稱糾，死稱子糾者，是閔之而稱子也。閔之而稱子，亦所以見桓公不當殺糾，是忍於賊害其同氣。又設令子糾是弟，則以諸侯之制言之，兄殺弟，而弟乃是應立之子，則自應坐篡奪之罪。今止以死書字例言之，則糾之死，是聖人所閔，殺糾者自應有罪，蓋因争國而殺，縱不是簒，亦是奪。或問何以分簒、奪？曰貴賤相去遠，而賤者乃立，則是簒，二傳謂桓公簒是也。貴賤相去不遠，或兩皆可立，而彊有力者得之，則是奪，伊川謂桓公以兄殺弟，亦其類也。所謂兩皆可立者，謂子糾若是娣之子而年幼，桓公是娣之子而年長，則二人必争立，勢無兩全。王道脩明之時，自應聽命於天子。今天子既不能治諸侯，則彊者必立，弱者必死。雖王制不行，而公義裁之，豈得無所曲直？設令是子糾立而殺桓公，其罪亦然，故用伊川之説推之，桓公終不免，罪在王法所當黜。若以二傳推之，則子糾長而貴，桓公是簒，無他説也。明者於此詳而察之，而又有所悟焉，則聖人書法始明，而論語召忽、管仲之疑釋然矣。

晦菴論里克一事，云：「後來殺奚齊、卓子，亦自快國人之意。且爲申生伸冤。」又讀胡文定公春秋，「晉里克殺其君之子奚齊」，引穀梁子曰：「其君之子云者，國人不子也，不正其殺申生而立之也。」又曰：「春秋書此以明獻公之罪。」又讀「晉里克弑其君卓」，曰：「國人不君奚齊、卓子，而曰里克弑其君卓，何也？是里克君之也。」澤謂里克實是已弑二君，不煩多説，獻公用荀息爲卓子傅。今里克殺荀息，只以大夫專殺，已是應誅，若更殺君之二子，則一身不足以償三罪，又何用設爲枝蔓之説，以求奇乎？先儒是要推本獻公殺申生之事，里克又是傅太子之人，其意欲爲重耳、夷吾之地，故疑里克可以不死，不知事變則情遷，在獻公時，則爲寵待淫嬖殺、逐諸子，絶滅綱常。在奚齊、卓子之時，則是繼世之君，爲臣子所弑，豈容執泥前事乎？澤於二禮，甚費考索，周易頗復象學，然猶不敢自以爲能，亦不敢多議先儒，唯春秋一經，先儒亂説，遂使聖人本旨，幾二千年而不明，故不得不以斯文爲己任也。

「公四不視朔。」杜氏謂：「十二公不視朔，唯此書者，以見公疾久，且明非詐。蓋當時齊欲與公會，而公有疾。齊侯曰：『請俟公間。』」杜氏所云，得其事情矣。四不視朔，則不視朔者四月耳，明疾愈則復常，非遂廢禮也，而論語集注乃云：「魯自文公始不視朔。」亦似失之太快。

嘗見吕氏説楚子麇卒，以爲楚靈王未嘗弑君，故經不書弑。此殊不解事。若如此，則是左氏妄加人以弑逆之罪，便當删去傳文若干。又此一事不可信，則其餘皆可棄擲矣。

「納公孫寧、儀行父于陳。」此事以爲貶楚不當納亂人，亦未嘗不可，但恐聖人所重在存國。唯不滅陳，故二子得納。此是聖人忠厚愛人，存亡繼絶，樂與人爲善者。若以爲貶，雖未必不通，然却狹了聖經也。蓋楚伐陳，本以討徵舒，納公孫寧、儀行父爲說，今殺徵舒而却縣陳，則二子無所歸，是楚食言矣。唯不滅陳，故二子得所歸，故詳書之，所以予楚。此是聖人用意深處，當精思之，不可只於皮膚上看。

春秋師説卷下

新安　趙汸　編

論學春秋之要

晦菴言：「看春秋，且須看得一部左傳首尾意思通貫，方能略見聖人筆削，與當時事意。」

或問於程子曰：「左氏可信否？」曰：「信其可信者。」朱子亦曰：「左氏所傳春秋事，恐八九分是。」又曰：「三傳唯左氏近之。」蓋疑之中又信，信之中又疑。據澤一得之愚，則須全信左氏事實，而闕其浮誇與義理錯誤處，而後春秋可説。此乃簡要切實之言，若且信且疑，則無益矣。然杜元凱深信此書，而亦未見有以踰人者，此則理學未精之故。今生於河洛、考亭諸大儒之後，理學明矣，若以此而學春秋，更用丘明、元凱之功，則經旨自應卓異，然伊川、晦菴於此一經，乃未嘗有成説者，此則不曾用得丘明、元凱工夫之故。蓋用得元凱工夫，只可到得元凱；用得丘明工夫，只可到得丘明，自有等第。及已到得丘明，去經旨尚隔數程，到此却只須虚心静定涵養，然後聖人之心乃可得見。及其得也，則凡一切要妙之義，不論大綱小目，皆不出程、朱平日討論意思中，而其事迹亦不過據左氏見在之文，未嘗有所移易變更，而義理自然的當精妙。今學者舍鄙言不肯從事，而徒過用其心，非澤之所敢知也。

學春秋只當以三傳爲主，而於三傳之中，又當據左氏事實以求聖人旨意之所歸。蓋於其中自有脉絡可尋，但人自不肯細意推求爾。

春秋書法，須考究前後異同、詳略，以見聖人筆削之旨。事同而書法異，書法同而事異，正是聖人特筆處。大抵先於夫子未脩春秋前觀之，然後沿流而下，綱舉目隨，無不脗合。若只從隱公以後求之，宜乎多所不通也。

春秋本是記載之書，記事而提其綱要，以著得失、明大義也。學者只當考據事實，以求聖人筆削之旨，然自三傳已有不同，難以歸一。至于近代，各信所見，視三傳甚輕，故晦菴先生不信諸家傳注，而亦自謂春秋難説，決意不解此一經。澤一得之愚，以爲衆説雜亂難信，誠如晦菴之言，然若遂以爲决不可通，則亦太過矣。蓋短中取長，未嘗不可。今若於左丘明、杜預上，更加向上工夫，則考事既詳，義理分明，亦焉有不可通之理？澤既積五六十年之勤，一旦大有所悟，遂通聖人書法。嘗謂物極則變，變則自然須復其常。應諸經要妙不傳之旨，天地神明不欲使人知之，則無如之何。若天地神明一旦欲使人知，則澤適乘其機，而悉得其説矣。蓋用工既深，篤信聖人，天理亦有時而復故也。

説春秋當求事情，事情不得而能説春秋者，未之聞也。如文公十八年，「二月，丁丑，公薨于臺下。秋，公子遂、叔孫得臣如齊」。兩卿如齊，雖桓公伯諸侯之時，魯亦未嘗如此。原其事情，雖爲賀惠公立，謝齊會葬，然亦是爲立宣公之地。自二卿如齊，至明年六月，齊人取濟西田，凡十三事，而八事皆爲齊，而子卒、夫人姜氏歸于齊、公即位，皆遂之爲也。一歲之間，書卿聘齊者六，此果何爲哉？如此推尋，則知是公子遂殺適立庶，急欲求齊以定公位，故冒喪娶齊女，棄濟西田，此所謂事情，此所謂以經證傳，亦復以傳證經也，此爲説春秋要法。

左氏雖見國史，識本末，然所好惡與聖人異者常多。公羊、穀梁大義雖有可觀，而考事益疏，亦非可據以求經旨者。然三傳去古未遠，三家之注，義例雖不同，然猶勝於近代去聖久遠，遂乃肆意創爲新奇一切汎濫不根之説者。故澤於此每用先儒取蘇子由春秋説之意，只據左氏事實而參以公、穀大義，其衆説不齊者，每虚心以求至當之歸，其不可彊通者，則勿忘、勿助，以待理熟而自悟，及其有悟，則亦多在左傳中，而二傳亦時有所益，是以不敢輕毁傳注。嘗有言曰：「讀書之法，務要虚心，勿先以一説横於胸中，遇有疑處，亦且存留，不可遽執所見。如公羊、穀梁最難看，蓋事訛錯而義理時有可觀，善者從之，而可疑者闕之。久之，事既順序，而義理亦明，然後是非可定。古人最可取者，莫如鄭康成、杜元凱。元凱於義理，雖隨左氏而錯，然推校經傳，亦最精詳，但得崇信左氏事實，於經甚有功。學春秋者，若不出於此，而徒過用其心，非澤之所敢知也。」

説春秋，當據左氏事實，而兼采公、穀大義，此最爲簡要。

杜元凱專脩丘明之傳以釋經，此於春秋最爲有功。澤之用工大略亦倣此，但左氏有錯誤處，必須力加辯明，庶不悖違經旨，此所謂愛而知其惡，而杜氏乃一切曲從，此其蔽也。

學春秋，以考據左傳國史事實爲主，然後可求書法。能考據事實，而不得書法者，亦尚有之，未有不考據事實，而能得書法者也。孟子曰：「其事則齊桓、晉文，其文則史。」只就「史」字上看，便見春秋是紀事之書，學者須以考事爲先。考事不精而欲説春秋，則失之疏矣。夫考事已精，而經旨未得，尚多有之，未有考事不精，而能得經旨者也。又須先曉史法，然後可求書法。史法要精熟，書法要委曲，求合于中。近代解經不通，遂作翻案法，如老吏整備文卷，雖可照刷，其若情實何？

古人説春秋大意，如公羊、穀梁緊切數條之外，則太史公「予聞之董生」一段，議論甚正大，無一語不好。又如「左氏微而顯，志而晦，婉而成章，盡而不污，懲惡而勸善」及三叛人名之類，皆理明義正，春秋大意，亦自可知。但欲推究精密，旁通曲暢，使筆削之指曉然，則前之衆説，俱未得爲完備。故春秋一經，所以自秦漢以迄于今，未得的當之説者，正以此爾。晦翁深知其故，每答門人以爲不知孰爲筆，孰爲削。又公羊云：「其辭則丘有罪。」孟子亦曰：「罪我者春秋。」今讀春秋，亦未見得聖人許多擔當處。凡春秋所以難説者，晦翁此言，已得其槩矣。此是灼見，諸儒之病，深知聖道不可淺窺。澤所以勤苦四十年，孜孜汲汲，晝夜以思者，不過爲此而已。大抵先儒非是不曉大意，止是推測本原未盡，此經傳注已多，然只當以丘明、元凱爲主，却更加精思，别用一種工夫，上泝其源，下沿其流，游心既廣，冀有觸悟，如此而後庶幾真有所得。及見春秋本意之渾全，譬猶登泰山，日觀窮咸池、扶桑，以覩大明之升，光輝爛然，萬象昭著，而宇宙間雲霾物怪各已消散，若所見果能爾，則大義始明，而凡舊説之迂僻固滯、淺陋怪誕之説，不辯而自破。静而思之，雖於民生日用，未有旦暮水火之益，然而教義亦已明白，真曠世之奇事也。

春秋固是經，然本是記事，且先從史看，所以如此説者，欲人考索事情，推校書法。事情既得，書法既明，然後可以辯其何以謂之經，何以謂之史。經、史之辯既決，則春秋始可通，而凡古今之曲説異端，不待致詰而無所遁其情矣。

晦翁謂春秋所以難説者，如孟子所云「春秋天子之事」，又曰「孔子成春秋而亂臣賊子懼」。今看春秋，便不見得何者是聖人所削，亦便不見得如孟子所言、晦翁之説如此，澤謂如書弑逆，直史所書是如此，聖人所書亦是如此，聖人與直史之功何以辯？若果無辯，則直史所書亦可以懼亂臣賊子，何必聖人乎？如此推尋，方有意味。所謂直史所書與聖人同者，如趙盾弑其君、崔杼弑其君，二國之史已如此書，其餘諸國書法亦必皆然。據此則聖人果何以與直史異？如是推究，見得春秋果是難説，則始能不惑於傳注，却方別下一種工夫，庶幾看到的當處耳。澤之學，如立的以射，立的既高且遠，故難爲功。今以其嘗涉歷者告人，人猶疑其誕謾也。

凡説周易、春秋，既看傳注了，須要換却精神心術方可。若有所得，自然觸機而悟。其機括，亦初不離經傳中，但人自不見爾。正如周易先天圖，在康節看，自然生出許多道理，在他人看，只是見得伏羲布置亭當而已。故凡讀書爲最難，世人只是通其訓詁文義，於妙處實無所契。澤於周易、春秋是苦思之功，思慮既極，而鬼神通之，非妄言也。

説春秋所以難者，緣書法難考，端緒亦不一，聖人又未易知。今説春秋，若將二百四十二年通求其義，亦未必能知春秋。若將一二十年書法通看，亦未是知春秋。唯是止將一二事詳細推校，看到的當不可移易處，然後知春秋果非聖人不能作。

周易雖失象學，春秋雖失書法，然經傳中未嘗無端緒可尋，但人自不曾精探力索耳。

若尋見端緒，自然合得經旨，不患人之不從，故周易、春秋廢墜，尚有復之理。若禮，則本殘闕之文，遇有疑難，更難考據。

魯隱公居攝，凡事謙讓，故號令亦往往不行，如翬帥師是也。無駭入極，無駭卒、挾卒，皆無氏，此皆謙不敢自謂爲君，所以如此。及無駭卒，則不可無氏，所以始賜之，故後來都無不賜氏之例。唯溺會齊師，然却是貶，所以去族，非不賜也。凡推春秋當如此。

凡看春秋，苟能知其大意，正不必安注脚。所謂得大意者，如玩易必須曉卦象、爻象，使之透徹。及識其變處，則易之辭自然易曉矣。春秋是事，却須考事之本末，而照察其情，又須推原聖人所以作春秋或筆、或削之指，則春秋自然易知矣。

周易、春秋是有繩墨規矩之文，不比他經。學二經者，若知其有繩墨規矩，則始可學。此二經者，若能探其旨，知其繩墨，識其規矩，則雖不下注脚，而經旨亦明。

澤於春秋，乃是逐事事比量，錙銖計較，務適於中，用心既久，始能純熟，所以後來説易，又較易。蓋二書雖不同，而聖人之心，精妙則一。春秋方嚴而有温厚者，在周易通變而有典常者存。圓融以求之，則理可得矣。昔張旭學草書，見舞渾脱劒器及擔夫争道而大進，彼執技者猶有所感發，則澤因春秋而悟易，以經識經，豈妄語哉？

澤説周易所以較易者，蓋是先於春秋已用過精神心術，所以觸機易悟。凡諸經最難通者，周易象學、春秋書法、二禮祭祀大典，三者其難實均。以精微隱賾言之，則易難於春秋，春秋難於禮。以歷代事體言之，則禮難於春秋，春秋難於易。然皆聖人精神心術所寓，所以三者之中，但通其一，則餘二者可以觸機而悟也。説經欲全通甚難，如易、春秋須要全通，諸家傳注最好者，只是藉作梯級，更於傳注之上别用一種工夫，虚心以求，勿忘勿助，以俟理熟，到得確然不可移易處，則固滯始化，方是真得，然後可以旁及餘經，不然則固滯未化，不可旁通也。

春秋所以難看者，蓋是大意不定。今欲如此主張，及至入其中，又不知不覺錯了。大抵如看〔一〕千門萬户之宫乘，高以望，盡在目前，巧思者觀之，便知其中曲折深密處，若無目力者，亦見大槩，但入到中間，却不論巧拙皆眼迷心惑矣。伊川先生説春秋大義數十，炳如日星，唯時措從宜者爲難知耳。「時措從宜」四字最好，但據澤看，則春秋難知者，

〔一〕「看」，四庫本作「開」。

固是時措從宜，而易知者，亦未嘗不是時措從宜也。

諸經如詩、書，大意亦可見，其古注及近注，不可偏廢。周禮關繫古今時俗，若不識古今之變，則此經實不易學。澤雖先從事於易、春秋，然所得實自周禮始，凡近世疑周禮處，必竭盡其思，以發明之。既用其誠，是以神明亦若有默相之者，其後稍悟於易、春秋。蓋以周禮爲之先也。然易與春秋其難易亦不同，春秋自三傳已錯，去古近者尚如此，况去古遠者乎？大抵春秋由先儒各執所見亂説，故最難識本意。澤於此書，蓋極其勞苦，其求之未得，則日夜以思，粗有所得，則喜得而未快，則亦抑鬱久而後釋然，無所滯礙，然使其稍有名譽，顯著於世，又安能始終用志於此，久而不變哉？故春秋爲最難，而易次之。非易果易學也，吉凶消長、進退存亡，有一定之理，大意可得而推。設令不能精微，其所失未遠。若春秋，則事理差訛，謀王斷國者，遂從而舛錯，爲害不小，如春秋復九世之讎，聖人曷嘗有此意，而漢武帝執此一語，遂開西北邊禍，及平民殫財喪師流血千里，然則春秋果可易言哉？

春秋非聖人不能脩，蓋是撥亂之書，不得已而作，所以有許多委曲難看。古書未焚，策牘具在，不脩春秋，一一可考，諸侯之史又存，則此時春秋爭一半工夫，所以左氏終得彷彿者，是親見國史故也。焚書之後，舊史皆無可考，則春秋自是難説，但先儒於易説處，却亦多失之。[二]

説春秋須要推究事情，使之詳盡，然後得失乃見，如澤説桓母仲子是惠公失禮再娶，乃是推尋始見得如此，所以確然自信不惑。蓋經書考仲子之宫，初獻六羽。若以仲子爲適，則正當祔廟，不應別立宫。若謂母以子貴，則魯十二公非適出者尚多，皆未聞爲其母別立宫者，別立宫，止有仲子。蓋是嘗以夫人禮娶之，故特異之也。又禮記稱：「夫人之不命於天子，自魯昭公始。」如此則惠公之娶仲子，蓋已請命於周室，周室知有仲子，所以後來天子歸其賵也。如此推尋，則知當來仲子歸魯是以夫人禮聘之明矣。此雖失禮，然在魯之臣子，則不當論。

澤於春秋，只是説得較平，亦是推得頗盡。若推得未盡，則斷斷乎疏略矣。如杜元凱

[二] 元刻本此處有「三桓是桓公、文姜之子，而春秋書法，於文姜不少恕，如夫人姜氏會齊侯、夫人姜氏享齊侯，夫人姜氏如齊、如莒。其子孫見此，豈不有怒？然却又如此書，此便是難説。澤嘗謂此處是看春秋緊關，匿透得此關，則春秋甚易説，不透此關，則縱饒説得好，亦多是彊説而已。」此部分爲論魯史策書遺法中之内容，顯係重出，四庫本、通志堂本皆無，據删。

亦自善於推尋，只是不曾推尋得透徹，所以窒滯不通。

推春秋之法，不一而足，固有一見即易知者，如衛侯燬滅邢是也；有思而後得者，如晉侯執曹伯、秦伯伐晉之類是也；有思而得，得而不完者，如甲戌，己丑，陳侯鮑卒，晉人執虞公之類是也；有思而不可得者，如顛倒宋、鄭及齊崔杼弑其君光之類是也。凡若此類，使人徒用其思，竭天下後世之精神心術，而莫能通其説，此説春秋所以爲難。

説春秋者，當先以經證經，又其次引他經證，又其次以經證傳，又其次以傳證經，展轉相證，亦復出入諸書，如此則用心密而乖謬少矣。或謂傳不可以證經，此則不然。夫作傳所以釋經，若釋經而無傳，又何所據？傳是文卷，經是結案斷例。然亦止是左傳可據，若公、穀則但采其義理條貫而已。所謂以經證經者，謂如一時不雨則書時，即此便可證自相證。次引他經證者，如諸侯同盟有周禮可證、九合諸侯有論語可證是也。所以謂之以「春秋」二字。齐侯逆王姬，便可證單伯送王姬。妾母薨葬，便可證考仲子之宫。此是經經證傳者，如書楚公子干出奔晉，便知楚圍是簒，傳文不妄。書葬莊公，便知國内亂而緩葬。書晉人執虞公，便知滅虞、虢之事，傳文可據。所謂以傳證經者，謂晉侯使以殺太子申生之故來告，殺在先，而經書在後，蓋是從赴。又如狄滅邢、衛，晉侯召王，子般卒，子卒之類，皆當以傳文爲據，經文則有所諱也。又如傳稱成季奔陳，而經不書，却只書季子來歸，此是以傳證經。知此四者，而後可與言春秋矣。

說春秋，如公伐齊納糾，楚殺其大夫得臣，衛甯喜弑其君剽，此等處皆是看春秋緊關，不可不知。

凡說春秋，須先識聖人氣象。要識聖人渾然醇厚，凡一切峭刻煩碎之說皆除去之，毋惑傳注，而後聖人之旨自明，褒貶得其當矣。

孔子曰：「人而不仁，疾之已甚，亂也。」大抵說春秋，若太急迫，則所謂疾惡太甚，須是較平，則聖人之意自見，然必須推究令詳盡乃可。

說經當務平正，不可失之偏，尤不可好奇立異。如春秋有貶無褒，此既失之偏，又是欲立異，然其說自窒礙不可行，徒欲得立異之名爾。二百餘年，豈無一人一事合道理？豈可謂之全無褒乎？如「季子來歸」，既稱其字，又稱來歸，是喜之之辭，安得彊以爲貶？又如「晉士匄帥師侵齊，聞齊侯卒，乃還」。此亦是書其得禮。但貶多而褒少則有之，然又有褒中之貶，貶中之褒，其義不一而足，不容以管窺爾。說春秋，當先識大意，謂於二百四十二年行事之外求之。若不識大意，而於逐事推尋，則舛謬必不少矣。只如「元年春，王正月」，公羊傳云：「王者曷謂？謂文王也。」此已失之拘滯。若復推究其極，則文王雖爲周家始受命之君，然居殷之世，乃殷之諸侯耳。文王自承殷正朔，曷嘗自以建子爲正乎？今直以王正月爲文王，是改殷正朔自文王時已如此，其爲教義之害非小小矣，故說春秋易致差錯。杜元凱却云：「魯隱之始年，周王之正月。」此言平正無疵。杜氏於大意固亦未甚明，然較之他人則有間也。

秋七月，天王使宰咺來歸惠公、仲子之賵。傳曰：「贈死不及尸，弔生不及哀，豫凶事，非禮也。」尋其事情，惠公失禮再娶仲子，蓋嘗假寵於王命以爲夫人，故王室知有仲子，仲子得與惠公並稱。蓋王室已嘗名之曰魯夫人也，然失禮甚矣。

考仲子之宫，所以得書於經者，其義有二：始用六佾一也。仲子雖貴，然桓未爲君，隱公能堅讓桓之志，故尊桓母，免喪而作宫，又謀於卿大夫，以定其樂舞之數，此亦稀有之事，二也。以此二者故書。蓋子爲君而尊其母，此爲常理，在隱公則爲賢，然此事猶有可疑者，妾母立宫既有定制，則樂舞亦必有定數，何故至仲子始定樂舞？如此推尋，又似前此妾母未嘗立宫，或止是祭於寢。别立宫者，止有仲子，所以見其始以貴聘，故其終也特異其禮與？又六佾始書於經，則魯先君之宫皆僭用八佾明矣。及仲子立宫，乃是創見，故疑八佾之舞，而問於衆仲。初獻六羽也，以其是特立之宫，故可更議其制。若先君之宫，則相承僭禮已久，不可輕議，是以獨仲子之宫用六佾焉。竊謂此説頗合事情，但妾母祭禮，終不可見。據穀梁則當築宫以祭子、祭孫止，然其説太簡略矣。夫築宫，一世而遽毁，果合禮意乎？故竊以爲不築宫則已，若築宫，則亦當以親盡爲斷。

隱八年，「三月，鄭伯使宛來歸祊」。公羊傳曰：「宛者何？鄭之微者也。祊者何？鄭湯沐之邑也。天子有事于泰山，諸侯皆從泰山之下。諸侯皆有湯沐之邑焉。」何休曰：「有事者，巡守祭天，告至之禮也。當沐浴絜齊以致其敬，故謂之湯沐之邑也，所以尊待諸侯而共其費也。禮：『四井爲邑。』邑方二里，東方二州四百二十國，凡爲邑廣四十里，袤四十二里，取足舍止，共稾穀而已。」澤謂據何氏止是東方諸侯耳，三方從可知。然則諸侯湯沐止四井，而書於經者，記禮之廢，有感於王室微，而無復巡守也。

桓公八年冬，「祭公來，遂逆王后于紀」。范氏曰：「祭公，寰内諸侯，爲天子三公者，親逆例時，不親逆例月，故春秋左氏説曰：『王者至尊無敵，無親逆之禮，祭公逆王后，未到京師而稱后，知天子不行而禮成也。』鄭君釋之曰：『大姒之家在郃之陽，在渭之涘。文王親逆于渭，即天子親迎之明文也。天子雖尊，于其后猶夫婦，夫婦判合，禮同一體，所謂無敵，豈施此哉？』禮記哀公問曰：『冕而親迎，不已重乎。』孔子愀然作色而對曰：『合二姓之好，以繼先聖之後，爲天地宗廟社稷之主，君何謂已重乎？』此言親迎繼先聖之後，爲天地宗廟社稷之主，非天子則誰乎？」澤謂范氏説固善，然天子親迎之禮，終不見明文，於古不知如何，但所引文王親迎爲證，則文王之初載，其時實諸侯耳，未可據以闢左氏説也。記所云繼先聖之後，則凡諸侯亦孰非先聖之後乎？魯、衛、晉、蔡、曹、滕出於周之文武，宋、杞、陳爲先代之後，大抵多是聖人之後也。爲天地宗廟社稷主者，亦據魯祀天而言耳。既用先代禮樂，安知其不祀天乎？凡此恐未可據以爲天子親迎之證，恐古者必有天子親迎之禮，其後未必行，況當春秋時，魯君往往皆是遣卿，諸侯亦已皆然，當時事體自應如此，不可責以舊禮，況天子乎？大體春秋時，敵國既多，諸侯守宗廟社稷之重，若一一修親迎之禮，自於事體不便，禮有因人情而變者，故春秋娶女，雖不備禮，而天子諸侯俱遣重臣，亦禮之變也。又當時天子、諸侯其他廢禮越禮者，何可勝計？若於此責之，是放飯流歠而問無齒決之謂矣。

鄭伯突出奔，鄭世子忽復歸于鄭。突不正却稱鄭伯，是從其實。忽已爲君，尚稱世子，是明其爲正。若皆書鄭伯，則二君争國，一出一入間無異，事曲直莫辯，故忽只書世子，則突是篡可知。突不貶者，魯、宋爲之主，已成爲君，故從其實，而惡自見。然則屈忽稱世子者，所以伸忽也。

桓公、子糾之事，按程子之説，以子糾、桓公爲襄公二子。據左傳則云「齊桓，衛姬之子，有寵於僖」，則齊桓乃僖之子，襄公之弟也。又按程子以桓公爲兄，子糾爲弟，據公、穀及三傳之注，則子糾是兄，桓公是弟。又荀子言，桓公内行則殺兄而争國，則子糾乃桓公之兄也。又據古者諸侯一娶九女，適夫人無子，則立右媵之子；右媵無子，則擇諸左媵；左媵無子，則取於夫人娣姪；夫人娣姪無子，則取於右媵娣姪；右媵娣姪無子，則取於左媵娣姪，故凡立子，皆是隨其母之貴賤。今桓公之母與子糾之母，其班序高下，無得而考，則桓公、子糾之孰爲應立，皆不可知，故其是非不可懸斷。但公羊、穀梁去古未遠，皆謂子糾應立，所以不直桓公，至謂之篡，又謂經書「齊人取子糾殺之」，是自殺其應立之子。又桓公既得國而猶欲殺子糾者，蓋有應立之道，是其所忌。若當時桓公果是兄，子糾果是弟，桓母班序又高，則可用伊川之説，子路、子貢亦可以無疑。今二子皆以此爲問者，是當時公論不直桓公，皆謂子糾應立，桓公不當殺兄，然夫子皆不答所問，乃直取管仲之功，此則正是聖人妙處，不可窺測者也。然夫子不責管仲以死者，蓋公子無爲君之道，師傅，先君所設，不可純以臣禮律之，有患難則相與周旋，既已宣力效勞，竭盡其節，而偶脱虎口者，則亦在所可恕，如管仲是也。若桓公、子糾事，須按春秋經文爲正，不按經文，則不見聖人之妙。

桓公之功最著於存三亡國，而其最謬莫甚於釋慶父、里克而不誅。

魯莊公蓋亦崛彊、偃蹇，桓公雖霸，終不往朝之，却因納幣、觀社、逆女方往齊，固皆是非禮，然亦足以見莊公於齊，亦頗偃蹇，其於齊皆以他故往，自夫人至後，亦不復往齊，止會遇而已，蓋終不曾特往朝之。齊却親魯，此桓公所以爲賢。

「公及齊侯遇于穀。」「蕭叔朝公。」蕭叔蓋朝齊，因公在穀，故就朝。蓋前此未嘗相見，故行朝禮。禮有從權。杜氏謂：「嘉禮不野合。」非也。又以叔爲名，澤以爲字。又齊與魯遇，蕭叔在焉，自不得不見。又遇禮簡易，諸侯體敵可用遇禮。蕭是附庸，雖邂逅，於理應朝。

「齊仲孫來。」傳曰：「齊仲孫湫來省難。」澤謂諸臣以私事來，惟王人書，故書祭伯來是也。今仲孫之來，〔一〕實齊侯之命，其名爲省難，其實爲覘國，而上以「齊仲孫來」書之，正〔二〕所以疑之也。齊有因亂取魯之志。仲孫之來，魯之存亡〔三〕得失所繫，而止以四字録之，所以使人深求其故也。存國體，故不書省難。非以嘉好聘，故不書使。不書使，故不復稱名。不稱名，則若以私事自來。蓋亦陽若不知其故者，所謂不逆詐，不億不信，而常先覺也。然仲孫之志，亦欲存魯，實亦賢者。不書名，亦所以嘉之。桓公終亦存魯，能改過遷善，有存亡繼絶之德，故終録其使，變其文，善其辭，簡其字，而意義深矣。齊侯之使仲孫，善惡未判，仲孫歸而魯之存亡始决，故書法如此。善處大變故者，惟聖人獨能之。

「衛侯燬滅邢。」先儒皆謂譏滅同姓。澤更推尋，以爲凡蔣、邢、茅、胙、祭，周公之

〔一〕「祭伯來是也。今仲孫之來」，元刻本字迹不清，據通志堂本、四庫本補。
〔二〕「以『齊仲孫來』書之，正」，元刻本字迹不清，四庫本闕，據通志堂本補。
〔三〕「齊有因亂取魯之志。仲孫之來，魯之存亡」，元刻本字迹不清，據通志堂本、四庫本補。

胤。當來成王以周公有大勳勞於天下，既已封伯禽於魯，又封其支子六人，所以答周公之勳勞。及至春秋時，往往爲人吞併。今邢又爲衛所滅矣。邢與魯同出自周公，則邢之存亡，於魯甚相關。衛既忍於滅周公之後，而魯不能爲之請於天子，請於大國，請於衛，以復存其社稷，以篤親親之恩，聖人深有感於世變，故書曰「衛侯燬滅邢」，雖罪衛侯，而亦繫於魯也。

「天王狩于河陽」，於史當曰「晉侯召王」。今史記書「晉侯召王于温」，此所謂直筆也，然則厲聲色以罵人，人未必服，何則？忿戾諱過者恒多，則嚴督責之説，有時而窮矣。聖人順天理之正，明君臣之義，爲之改書曰「天王狩于河陽」，豈非遏惡揚善，成人之美哉？雖使晉文公復生，親見夫子書法，亦將帖焉心服，可以坐消其彊猛之氣，而遷善遠罪之不暇矣。此其比於直筆，豈不百倍其功哉？

「楚人殺陳夏徵舒。」「丁亥，楚子入陳，納公孫寧、儀行父于陳。」公羊、穀梁似此等處多云實與而文不與，固是説得好聽，却全不曾尋得書法之妙。蓋此時本已縣陳，以申叔時之諫而止。聖人許人遷善，故没其縣陳本意，而止以入陳爲文。又本是先入陳，而後殺徵舒，討弑君賊。今却先書殺夏徵舒，而後書入陳，便是聖人先正其討賊之義。觀聖人於此，實有所激，緣齊桓、晉文俱有匡正天下、扶持周室之功，然皆包容弑君賊，置而不問，所以養天下之亂，是以於楚子入陳一事，特顯此義，既已取其討亂之功，而後書楚子入陳，納公孫寧、儀行父于陳者，以見楚之用師，不過討賊、納此二卿以定陳亂而已，便與蠻夷猾夏〔一〕不同。此皆聖人取人爲善，止遏亂略之意，所以爲書法之妙也。

〔一〕「蠻夷猾夏」，四庫本作「稱兵肆虐」。

王正月辯

「春王正月。」此不過周之時，周之正月，而據文定則「春」字是夫子特筆，故曰「以夏時冠周月」。又謂：「夫子有聖德，無其位，而改正朔。」如此則正月亦是夫子所改。蔡九峯則謂：「周未嘗改月。」引史記冬十月爲證。如此則時或是夫子所移易。以此説夫子，豈不誤哉？澤之愚見，只是依據三傳及漢儒之説，定以夫子春秋是奉王者正朔，以建子爲正，此是尊王第一義，決無改易。其答顏子行夏之時，乃是爲萬世通行之法，非遂以之作春秋也。凡王者正朔，所以統壹，諸侯用之紀年，用之朝會。若民事自依夏時。後來漢武帝、魏文帝始定用夏時，是行夫子之言也，合只就經文舉所書月以證改時、改月，如後。

莊公二十有三年夏，公如齊觀社。此周之四月也，當夏正建卯之月，則改時、改月甚明。

僖公三年，自去冬十月不雨至春，書王正月不雨。夏四月不雨，至六月雨。若用夏正，則六月乃建未之月。歷三時不雨，六月乃雨，如此則春不得耕，夏不得種，種不入土，爲災大矣。今此六月是周正建巳之月，得雨，可以耕種，則於農事無妨，故此年不書旱，不書饑，明是周正。

哀公十四年春，西狩獲麟。冬獵曰狩。此是子丑之月，故書狩也。觀此足以知周家實是改時、改月，而主夏正者則謂非時而狩，所以爲譏。澤以爲既不書公狩，又不書狩之地，此只是虞人脩常職，本不應書，所以書者，蓋特爲獲麟故，不可彊以爲貶。

右所舉〔一〕改時，只此數處，亦自分明，其餘亦不足深辯。蓋此是一二百年間，虞著曲説，以蠹害聖經。〔二〕自兩漢至唐，並無此説也。漢初猶有夏、殷、周及魯曆，又有顓頊曆，古人見前代曆紀甚明，又三傳所載之事，互有異同，〔三〕然同是遵用周正，别無異説。凡三代

〔一〕「右所舉」，元刻本字迹不清，據通志堂本、四庫本補。
〔二〕「間，虞著曲説，以蠹害聖經」，元刻本字迹不清，據通志堂本補，四庫本「虞」作「私」。
〔三〕「所載之事，互有異同」，元刻本字迹不清，據通志堂本、四庫本補。

正朔，皆自是爲一代之制，以新民之耳目。既改月，則須改時，應紀年、會同、朝聘。作史者一皆遵用，故夫子春秋是時王正朔，安可有他説也？大抵商、周本是錯改時、錯改月，但學者皆不肯爲商、周認錯。若肯爲商、周認錯，則經旨自然明白矣。若周之改月，只以孟子「歲十一月徒杠成，十二月輿梁成」，及「七八月之間旱」爲證。晦菴集注所據周改時，止以行夏之時爲據。蓋周以建子之月爲春，終是不正，故夫子思行夏之時也，此只以聖經之言爲證，不煩他説。

魯隱公元年不書即位義

此隱公之元年，何以不書即位？攝故也。君薨而世子立，世子幼，則國政聽於大臣，堪事而復辟焉，古有之矣。曰隱公爲大臣乎？曰非也。庶長而有先君之命，使之攝而奉桓者也。何以知其有先君之命乎？曰桓公之母，仲子也，以貴聘之，則其子貴矣，故桓公之生，先君既以爲世子，諸侯國人知之矣。則隱公之攝，非先君之命而誰乎？曰庶長何以不得立？曰是聖王之制，所以正嗣統，而杜禍亂之原，定民志也。禮：「諸侯一娶九女。」無再娶之文。適夫人無子，則擇諸右媵；右媵無子，則擇諸左媵；左媵無子而後取諸衆妾之子，亦皆以其序焉。有常制矣。隱母，媵也，故其子不得承統。然則桓母適乎？曰不適。曰不適則曷爲而貴？曰非適非媵，桓母也。非適非媵，是謂再娶。蓋先君之失禮，而臣子末如之何者也。惠公之適妃，孟子也。孟子卒，繼室以聲子，隱母也。其後仲子之歸魯，蓋純以夫人禮聘之，國人皆曰此夫人也。隱亦嘗母事之矣。隱立而天子又嘗歸賵焉，則惠之貴桓母有素矣。雖然，豈禮之正哉？是故明天子在上，則婚娶得禮，而適庶之分明。及王制不行，而後諸侯越禮者衆。越禮矣，而直以古義斷之，則於事情之實，將不勝其扞格，而終非臣子所得追議於君父也。然則隱烏得而不奉桓乎？穀梁子曰：「讓桓，不正。若隱者，可謂輕千乘之國，蹈道則未由。」穀梁之説，斷則斷矣，而不達乎事之情，昧乎禮之權者也。使隱公黜桓而自立，則是負先君之託，先君之肉未寒，而舉其所愛，推而遠之。設令其禍不至於殺，而桓之母子失所矣。而曰我爲正，其得謂之正乎？其得謂之孝乎？而人之情又肯盡從之否也？使人情而果從，是亦亂耳，是亦篡耳。况人情未必然，而先君之命實不可改乎？故隱之奉桓，足以爲賢，而説春秋者苟能覈事情、酌時宜以處中，而毋執一焉，庶幾乎得之矣。

諸侯娶女立子通考

何氏曰：「諸侯一娶九女，無再娶之文。適夫人無子，則立右媵之子；右媵無子，則立左媵；左媵無子，則立夫人娣姪；夫人娣姪無子，則立右媵娣姪；右媵娣姪無子，則立左媵娣姪。」

成公九年，「二月，伯姬歸于宋」。經書衛人來媵，又書晉人來媵，又書齊人來媵。按左傳，凡諸侯嫁女，同姓媵之，異姓則否。今魯嫁伯姬，三國來媵，共十二女，而齊是異姓，豈宋先代之後上公爵尊，故如此歟？然不可考矣。又按傳隱公三年，云：「衛莊公娶于齊東宮得臣之妹曰莊姜。美而無子。又娶于陳曰厲嬀，生孝伯。早死。其娣戴嬀生桓公，莊姜以爲己子。」據厲嬀即何氏所謂右媵，其娣戴嬀即右媵之娣。又據昭公八年，陳哀元妃鄭姬生悼太子偃師，二妃生公子留，下妃生公子勝，此所謂三妃，即夫人與左右媵。合此數處觀之，則諸侯九女之制甚明。其立子，則各從其母之貴賤也。

齊桓公之夫人三，王姬、徐嬴、蔡姬，皆無子。齊侯好內，多內寵、內嬖，如夫人者六人，長衛姬生武孟，少衛姬生惠公，鄭姬生孝公，密姬生懿公，葛嬴生昭公，宋華子生公子雍。按桓公夫人三，當是徐嬴、蔡姬娶在先，王姬娶在後，所以如此，不是兩媵，故皆稱夫人。內寵六人，寵皆相軋，又非娣姪，所以子皆爭立，妻妾踰制，非正家之道也。

晉襄公卒，晉人以難故，欲立長君。賈季欲立公子樂，趙宣子欲立公子雍。宣子曰：「辰嬴賤樂之母，班在九人，其子何振之有？杜祁雍之母以君故，讓偪姞而上之，以狄故，讓季隗而己次之，故班在四。」愚按：此事宣子如此擬議，後雖不曾成。然當時偶無適子，而欲立妾子者，其選擇之法，大抵如此。

右春秋諸侯娶女、立子，大略如此。惟公子糾却不知其母之貴賤，小白母衛姬是齊僖公妾，然亦不知其班序之尊卑，但據二傳説子糾母貴宜爲君，史記謂子糾母，魯女，則班序不當在衛姬下，此外別無考證，不可懸斷也。

春秋指要

易與春秋，皆夫子作，然二經事體又自不同。易則文王、周公已有全書，春秋却是古所未有。二帝傳授精一執中心法，百聖所同，唯春秋一經乃是夫子所獨。蓋夫子之精微緼奥，皆具於易，而所以立教則在詩、書、禮、樂，其撥亂反正，制事之權，皆在春秋。二帝三王皆有事功，夫子之事功，則在春秋也，故曰：「吾志在春秋。」豈不信乎？删詩、書，正禮、樂，繫易，是述，唯春秋可以言作。

易稱「巽以行權」，蓋巽順而後其權可合於正。若先不巽順，則其所謂權者，乃亂耳。如孔子作春秋固是行權，然聖人之心，本極於巽順，以巽順行權，所以濟世道之不通。若因循顧忌，視天下之沉溺與己不相關，則亦非聖人之心矣。惟其巽順，故天下莫敢議其非。然聖人猶曰：「罪我者春秋。」可謂巽順之至矣。

春秋之初，如衛州吁之事，此時事體當責王室。及春秋中世，當責伯主。及其後，肆無忌憚，然後用孔子之法。如胡氏説公及宋公遇于清，宋公、陳侯、蔡人、衛人伐鄭，説得似急迫，恐非本意。及衰亂之極，王者既不興，諸侯又無伯，聖人既生此時，不應坐視其弊。夫人無遠慮，必有近憂，他人且不可，况聖人乎？此春秋所以不得不作。

隱公八年夏，六月，己亥，蔡侯考父卒。秋，七月，庚午，宋公、齊侯、衛侯盟于瓦屋。胡文定皆以爲仲尼變周制。澤以爲仲尼救周之衰則有之，以爲變周制則不可。以德則孔子是聖人，以分則孔子是陪臣，豈得變周之制？

春秋自三傳已多異同，又益以三家之注，實有矛盾。至啖、趙、陸氏又往往自爲説，及近代孫泰山、胡文定，所見又往往不同。晦菴所以不解春秋者，爲此故也。或問朱子，何以不解春秋，答以「元年春王正月，某已不曉」。據此則是已不滿於胡傳，但不肯翻然立異耳。凡解春秋，不與先儒立異，則經旨不明；若與先儒立異，則於事體又甚不便。正説未見信，謗議已隨之，所以晦菴答門人問胡傳曰：「不若且聽他如此説，得三綱五常不至廢墜足矣。」此不得已之説，其實不滿於胡傳也。

春秋所以難説，蓋不止於元年春王正月，如不書即位，公羊、穀梁所見自殊，胡文定是穀梁而非公羊，其説雖正，然於事情不察，未免有差。夫以王制論之，則惠公元妃孟子既無子，則隱是庶長當立。胡氏以隱是讓而非攝，其説是矣。但禮失之餘先君之事，亦已如此，既不容探其本而歸之正，而徒裁正其末流，豈不齟齬扞格而大咈於人情哉？仲子之歸魯，蓋以夫人禮聘之，亦已假寵於王室，故王室知有仲子，其後歸其賵也。若據此事情，則仲子既貴，桓是太子，隱自不得立，其所以攝者，父命也，如此則公羊之説爲是。又據左傳，則元妃既薨，聲子已攝内政，久之仲子歸魯，既稱夫人，聲子亦已退避。仲子之貴有素矣。隱公二年，十二月，乙卯，夫人子氏薨。三年，四月，辛卯，君氏卒。仲子稱薨，聲子稱卒，書法如此，聖人斟酌輕重之意，亦可見焉。或曰正義不從而固從此偏曲之説，何也？曰此變禮也，非偏曲也。若欲伸正義，必明天子而後可，不然則用穀梁之説，以輔佐隱公，使之自立，則上逆天子、君父之命，又必殺桓公母子而後可焉。此説春秋者，所以不得已則從權也。或曰何以謂之上逆天子？曰惠公在位久，晚年以魯夫人之祥娶仲子，若不請於天子，以夫人禮聘，則宋人必不與，故經書夫人子氏薨，是嘗請命於天子，可以稱夫人矣。雖是失禮，然亦有故，又與泛常違禮者不同。故説春秋者，又當斟酌事情，未可直情而徑行也。

唐人考古之功，如孔穎達、賈公彦最精密，陸德明亦然，但音切未善。宋氏諸儒，經學極深，但考古之功却疏。若以宋儒之精，用漢、魏、晉諸儒考古之功，則全美矣。去古既遠，不先傚漢、魏諸儒之勤，却便欲説義理，衹愈疏耳。大抵生於後世，既不獲親見聖賢，又不獲在兩漢魏晉間，則去古日遠，考古之功自然不及，如名物度數，漢儒猶有目擊者，今却皆是索之紙上，豈不疏乎？夏時、周月之説，魏晉諸儒焉得有此論乎？自唐以來説春秋者，多不滿於三傳，然説者之於春秋，其詳密未必能及左氏、杜預也。使説春秋者，先有丘明、元凱詳密之功，而後加以河洛大儒之論，則事情既得，書法不差，義理自然，順序可以歸一。今諸説皆捨先儒已成之功，稽古之實，所見又未完備，而遽與之立異焉，春秋之道所以久而不明者，以此故也。

周易、春秋有繩墨之書，不可不學，而實未易學也。易當明象，春秋當明書法。象學久已失傳，故易尤難焉。然自輔嗣以來，玩其辭，解其義，所失亦未遠。唯春秋當據事以求書法，説者往往不察事情，而輒以己意窺聖人，由是衆説迭興，而夫子之志荒矣。澤自早歲已深有所疑，乃潛心以求，積數十年而後，默有所悟。大德八年，始作注具藁，積十有七年改削，猶未成書。其辯難剖決之文，悉入六經辯釋補注。其春秋筆削本旨以貧故未得脩述，是以有其義而無其辭。今年已六十餘，大懼失墜，所以不得忘言者，用工已有次第，中道而廢，則深可惜，且古今説春秋最苦於所説不完，雜糅紛紜，徒亂人意，是以王介甫幾欲舉而廢之。澤嘗有言，凡説春秋，要意思渾全，若一處欠闕，便成疏漏，一切舛謬從之而起。故説春秋者，若所見未完，則如勿説，非徒無益，而又害之。若所見果完，則雖微賤無聞於時，神明必有相之者。此澤所以不得不盡智畢議，求以無負於聖人也。然正解既未脱藁，本旨又未著筆，補注雖已刊，澤亦頗靳惜其書。蓋四十餘年之勤，覽者一目可盡，而此心終未暴白于世，懼人之褻而視之也，故具指要數十處，使觀者察焉。夫説之詳、辯之明，則易爲觀聽，而人往往遂怠于學。又補注者，積久之功，如器之已成，人但見其易，而不知其難也，故推本其始，與有志經學者共之。倘不棄鄙言，先默會於此，而後推以及其餘，則全經可通，意無不渾，而諸儒之得失無所遁其情矣。

指要

隱公元年，春，王正月。

夏，五月，鄭伯克段于鄢。

秋，七月，天王使宰咺來歸惠公、仲子之賵。

二年，春，公會戎于潛。

紀子帛、莒子盟于密。

十有二月，乙卯，夫人子氏薨。

三年，夏，四月，辛卯，君氏卒。

四年，九月，衛人殺州吁于濮。

冬，十二月，衛人立晉。

五年，九月，考仲子之宫。初獻六羽。

八年，夏，六月，己亥，蔡侯考父卒。

八月，葬蔡宣公。

十一年，春，滕侯、薛侯來朝。

桓公元年，鄭伯以璧假許田。

二年，春，王正月，戊申，宋督弑其君與夷及其大夫孔父。

滕子來朝。

四年，夏，天王使宰渠伯糾來聘。

七年，夏，穀伯綏來朝。

鄧侯吾離來朝。

十年，春，王正月。

十一年，突歸于鄭，鄭忽出奔衛。

十五年，二月，天王使家父來求車。

五月，鄭伯突出奔蔡。鄭世子忽復歸于鄭。

十七年，癸巳，葬蔡桓侯。

莊公元年，夏，單伯送王姬。

秋，築王姬之館于外。

王使榮叔來錫桓公命。

王姬歸于齊。

八年，甲午，治兵。

夏，師及齊師圍郕，郕降于齊師。

九年，夏，公伐齊，納子糾。[二]齊小白入于齊。

九月，齊人取子糾殺之。[三]

十五年，秋，宋人、齊人、邾人伐郳。

二十一年，秋，七月，戊戌，夫人姜氏薨。

二十二年，春，王正月，癸丑，葬我小君文姜。

[二]「九年，夏，公伐齊，納子糾」，元刻本字迹不清，據通志堂本補。

[三]「九月，齊人取子糾殺之」，元刻本字迹不清，據通志堂本補。

冬，公如齊納幣。〔一〕

閔公元年，冬，齊仲孫來。

僖公元年，春，王正月，齊師、宋師、曹伯次于聶北，救邢。

夏，六月，邢遷于夷儀。

齊師、宋師、曹師城邢。

十二月，丁巳，夫人氏之喪至自齊。

二年，夏，五月，辛巳，葬我小君哀姜。

虞師、晉師滅下陽。

四年，楚屈完來盟于師，盟于召陵。

五年，公及齊侯、宋公、陳侯、衛侯、鄭伯、許男、曹伯會王世子于首止。

秋，八月，諸侯盟于首止。鄭伯逃歸不盟。

〔一〕「二十一年，秋，七月，戊戌，夫人姜氏薨。二十二年，春，王正月，癸丑，葬我小君文姜。冬，公如齊納幣。」元刻本字迹不清，據通志堂本、四庫本補。

冬，晉人執虞公。

八年，秋，七月，禘于太廟，用致夫人。

十七年，夏，滅項。

秋，夫人姜氏會齊侯于卞。

十九年，夏，六月，宋公、曹人、邾人盟于曹南。

鄫子會盟于邾。

己酉，邾人執鄫子用之。

二十一年，十二月，癸丑，公會諸侯盟于薄。釋宋公。

二十五年，春，王正月，丙午，衛侯燬滅邢。

二十八年，楚殺其大夫得臣。

公朝于王所。天王狩于河陽。

壬申，公朝于王所。

二十九年，夏，六月，會王人、晉人、宋人、齊人、陳人、蔡人、秦人盟于翟泉。

三十年，冬，天王使宰周公來聘。

公子遂如京師，遂如晉。

文公元年，天王使毛伯來錫公命。

叔孫得臣如京師。

二年，丁丑，作僖公主。

四年，冬，十一月，壬寅，夫人風氏薨。

五年，春，王正月，王使榮叔歸含且賵。

三月，辛亥，葬我小君成風。

王使召伯來會葬。

六年，閏月，不告月，猶朝于廟。

七年，秋，八月，公會諸侯、晉大夫盟于扈。

八年，公孫敖如京師，不至而復。丙戌，奔莒。

宋人殺其大夫司馬。宋司城來奔。

十六年，夏，五月，公四不視朔。
十七年，諸侯會于扈。
宣公元年，公子遂如齊逆女。
三月，遂以夫人婦姜至自齊。
八年，夏，六月，公子遂如齊，至黄乃復。
辛巳，有事于太廟。仲遂卒于垂。壬午，猶繹。萬入，去籥。
戊子，夫人嬴氏薨。
冬，十月，己丑，葬我小君敬嬴。雨，不克葬。
庚寅，日中而克葬。
九年，陳殺其大夫洩治。
十一年，冬，十月，楚人殺陳夏徵舒。
十二年，冬，十二月，戊寅，楚子滅蕭。
十三年，夏，楚子伐宋。

十五年，六月，癸卯，晉師滅赤狄潞氏，以潞子嬰兒歸。

十八年，歸父還自晉，至笙，遂奔齊。

成公元年，三月，作丘甲。

二年，十一月，公會楚公子嬰齊于蜀。

六年，二月，辛巳，立武宫。

七年，不郊，猶三望。

八年，夏，宋公使公孫壽來納幣。衛人來媵。

九年，晉人來媵。

十三年，三月，公如京師。

夏，五月，公自京師，遂會晉侯、齊侯、宋公、衛侯、鄭伯、曹伯、邾人、滕人伐秦。

十六年，楚殺其大夫公子側。

十八年，春，王正月，晉殺其大夫胥童。

庚申，晉弑其君州蒲。

襄公四年，秋，七月，戊子，夫人姒氏薨。

八月，辛亥，葬我小君定姒。

五年，叔孫豹、鄫世子巫如晉。公會晉侯、宋公、陳侯、衛侯、鄭伯、曹伯、莒子、邾子、滕子、薛伯、齊世子光、吳人、鄫人于戚。

六年，莒人滅鄫。

七年，鄭伯髡頑如會，未見諸侯。丙戌，卒于鄵。

十年，夏，五月，甲午，遂滅偪陽。

十四年，夏，四月，叔孫豹會晉荀偃、齊人、宋人、衛北宮括、鄭公孫蠆、曹人、莒人、邾人、滕人、薛人、杞人、小邾人伐秦。

十六年，叔老會鄭伯、晉荀偃、衛甯殖、宋人伐許。

十九年，晉士匄帥師侵齊。至穀，聞齊侯卒，乃還。

二十一年，邾庶其以漆、閭丘來奔。[一]

二十五年，公會晉侯、宋公、衛侯、鄭伯、曹伯、莒子、邾子、滕子、薛伯、杞伯、小邾子于夷儀。

秋，八月，己巳，諸侯同盟于重丘。

二十六年，春，王二月，辛卯，衛甯喜弑其君剽。

衛孫林父入于戚以叛。

公會晉人、鄭良霄、宋人、曹人于澶淵。

二十七年，秋，七月，辛巳，豹及諸侯之大夫盟于宋。

二十九年，吴子使札來聘。

昭公元年，冬，十一月，己酉，楚子麇卒。

楚公子比出奔晉。

[一]「晉荀偃、衛甯殖、宋人伐許。十九年，晉士匄帥師侵齊。至穀，聞齊侯卒，乃還。二十一年，邾庶其以漆、閭丘來奔。」元刻本字迹不清，據通志堂本、四庫本補。通志堂本闕「至穀」二字，據四庫本補。

八年，春，陳侯之弟招殺陳世子偃師。

夏，四月，辛丑，陳侯溺卒。

冬，十月，壬午，楚師滅陳。葬陳哀公。

十三年，夏，四月，楚公子比自晉歸于楚，弒其君虔于乾谿。

楚公子棄疾殺公子比。

蔡侯廬歸于蔡。

陳侯吳歸于陳。

十四年，春，意如至自晉。

十五年，二月，癸酉，有事于武宮。籥入，叔弓卒。去樂，卒事。

十九年，冬，葬許悼公。

二十年，秋，盜殺衛侯之兄縶。

二十四年，婼至自晉。

二十七年，春，公如齊。公至自齊，居于鄆。

二十九年，春，公至自乾侯，居于鄆。
三十年，春，王正月，公在乾侯。
三十二年，春，王正月，公在乾侯，取闞。
定公元年，夏，六月，癸亥，公之喪至自乾侯。
戊辰，公即位。
秋七月，癸巳，葬我君昭公。
四年，劉卷卒。葬劉文公。
八年，從祀先公。盜竊寶玉、大弓。
九年，得寶玉、大弓。
十二年，叔孫州仇帥師墮郈。季孫斯、仲孫何忌帥師墮費。
十二月，公圍成。
十三年，夏，築蛇淵囿。大蒐于比蒲。
十五年，秋，七月，壬申，姒氏卒。

九月，丁巳，葬我君定公。雨，不克葬。

戊午，日下昃，乃克葬。

辛巳，葬定姒。

哀公三年，五月，辛卯，桓宮、僖宮災。

十二年，春，用田賦。

十四年，春，西狩獲麟。

右所舉經文，只是提其要。雖若不完，然一事必與數十事相關，則全經固已在其中矣，如不書即位，當與後面書即位參看；書會盟，當與凡會盟合而求之。所以謂之指要，然其間亦有迭出者，則自[一]有意。又晉韓宣子聘魯，見易象與魯春秋，曰：「周禮盡在魯矣。吾乃今知周公之德，與周之所以王。」春秋傳序云：「其發凡以言例，皆經國之常制，周公之垂法，史書之舊章，仲尼從而脩之，以成一經之通體。」此兩處亦要切，澤嘗謂後

[一]「自」，元刻本作「目」，文意不通，四庫本、通志堂本皆作「自」，據改。

人説春秋未必能及丘明、元凱者，正指此等處。然此却非諸儒之罪，乃是古今之殊。去古近者所見未差，去古遠者則益疏矣。故學春秋者，先得如丘明、元凱，然後可求向上之功。觀者毋忽此言也。資中黄澤書。

附録上

思古吟十章（並序）

澤於易、春秋二書，自束髮即有志，然求之三十餘年，甫得緒端，蓋思慮之至，通乎鬼神，心誠求之而不狃於曲說小見，是以天亦憫其勞，啓其愚，而卒相其成也。暇日，援筆作思古吟十章，叙其始者之艱難，中焉有得於髣髴而未備，最後則若親見聖人，提耳而面命之。或有能譜琴者，采其辭意，爲之聲調，援而鼓之，亦足以少慰其平生。

其一章曰：有一人兮，温温其恭。學不厭兮，教思無窮。去之將二千載兮，莫繼其蹤。思而不可見兮，吾將曷從？

二章曰：有一人兮，閒居而優游。詩、書、禮、樂兮，十翼、春秋。肩類子産兮，其顙如堯。淑我後人兮，使我瘳。思而不可見兮，中心摇摇。

三章曰：有一人兮，後千載而長存。天地其道兮，河漢其文。我有冠裳兮，孰知我原？思而不可見兮，中心悁悁。

四章曰：有一人兮，代天而行義。尊王黜亂兮，復古其志。變史爲經兮，百世昭示。去之久遠兮，孰測微意？思而不可見兮，使我忘寐。

五章曰：有一人兮，太極合德。君子之謙謙兮，曰五十而學易。羲、文、姬旦兮，先後揆一。端倪曉示兮，舒泄幽密。去之久遠兮，神秘其迹。思而不可見兮，使我忘食。

六章曰：有一人兮，尼首而河目。象環之佩兮，温其如玉。文章焕爛兮，斯道長續。存榮没哀兮，大成者獨。我思入神兮，如見其復。瞻前忽後兮，惟日不足。

七章曰：有一人兮，天高而日光。蒙倛其面兮，禹湯之長。我思入神兮，夢至其傍。膝行而有請兮，冀一涉乎津梁。憫微衷之拳拳兮，忽若洗髓而滌腸。酌我以井冽之泉兮，被我以坤文之裳。去我扃鐍兮，謂我其臧。亦戒以世俗之夸談兮，曰吾非素王。汝克復予之常兮，予無汝忘。

八章曰：有一人兮，衣逢掖而冠章甫。上律天時兮，下襲水土。纍纍其容兮，背若微僂。祖述堯舜兮，憲章文武。我思入神兮，恍爾而遇。俯伏下風兮，將泣而訴。憫中誠之拳勸兮，忽獨與處。授我以三絶之編兮，與我心語。介我於文王、周公兮，遺我以二百四十二年之魯。忽然而醒兮，有涕如雨。

九章曰：有一人兮，翼翼小心。順其天兮，演易示人。屈伸消長兮，默識其故。吉凶悔吝兮，曷爲而無。因崇陽兮抑陰，福善兮禍淫。因孔氏以膝行乎王之前兮，測其原而益深。豁然悟兮，日月昭臨。噫！人有尊卑兮，道無古今。噫！人有尊卑兮，道無古今。

十章曰：有一人兮，赤舄几几。制作孔備兮，之才之美。文王我師兮，親爲父子。申以爻辭兮，如掌之示。去之久遠兮，玄理蒙蔽。胡然而險阻兮，胡然而簡易。因孔氏以膝行乎公之前兮，發其機於久秘。恍然而悟兮，神授天啓。洩洩融融兮，恢我樂地。嗚呼！蘋藻之微兮，足以薦貴。嗚呼！蘋藻之微兮，足以薦貴。

六經辨釋補注序

先聖王之教士也，以詩、書、禮、樂爲四術。易者占筮之繇辭，春秋者侯國之史記。自夫子贊易、脩春秋之後，學者始以易、春秋合先王教士之四術而爲六經。經焚于秦而易獨存，經出于漢而樂獨亡，幸而未亡者若書、若禮，往往殘缺。惟詩與春秋稍完而已，漢儒專門傳授，守其師説，不爲無功於經，而聖人之意，則未大明於世也。魏、晉而唐，注義漸廣，至宋諸儒而經學之盛極矣。程子之易，立言幾與先聖並，然自爲一書則可，非可以經注論。若論經注，則朱氏詩集傳之外，俱不能無遺憾也。後儒於其既精既當者，或未能嚌味其所可取，則於其未精未當者，又豈人人而能推索其所未至哉？予嘗於此，重有慨焉，而可與言者，甚鮮也。蜀儒黄澤楚望，貧而力學，往年初識之於筠，今年再遇之於江，讀易、詩、書、春秋及周官、禮記，悉欲爲之補注。補注之書未成，而各經先有辨釋，宏綱要義，昭揭其大，而不遺其小，究竟謹審，灼有真見。先儒舊説可從者，拳拳尊信，不敢輕肆臆説，以相是非。用功深，用意厚，以予所見明經之士，未有能及之者也。晚年見此，寧不爲之大快乎？楚望不輕以示人，而德化令王君乃爲鋟梓以傳，予歎美之不足，因以諗于學者，蓋必於諸經沈潛反覆，然後知其用功之不易、用意之不苟云。年月日臨川吴澂序

易學濫觴、春秋指要序

楚望父之注經，其志可謂苦矣。易欲明象，春秋欲明書法，蓋將前無古而後無今。時出其所得之大槩示人，而全注未易成也。每以家貧年邁，弗果速成其注爲，嗟世亦有仁義之人，能俾遂其志者乎？予所不能必也。道之行與，命也！愛莫助之，永歎而已。延祐第七立秋之後四日，臨川吴澂書于易學濫觴、春秋指要之卷端。

附録下

黄楚望先生行狀

先生諱澤，字楚望，其先長安人，唐末有官於蜀者，知資州内江縣曰舒藝，卒葬資州。次子師明留居，後遂爲資州人。師明長子知權知丹山縣事。知權長子延節，宋初以德行道藝聞，拜宣德郎通判渠州，討寇有功，召入面奏當世利害剴切，太祖太悦，除大理評事，兼監察御史，以子德潤、德全官稍顯，累贈金紫光禄大夫。季曰德柔，先生十世祖也。五世祖拂與二兄播、揆同年登進士第，蜀人榮之，爲賦詩，稱美其事。考某字儀可，以孝友聞，累舉不第，隨兄驥子官九江。蜀亂不復能歸，因留家九江，而貧日甚矣。先生生有異質，日誦數千言。年十二三，即盡通當代進士經義論策之學。内附。〔一〕

國朝年十六矣，慨然以明經學古、篤志力行自勵，好爲苦思，屢以成疾，疾止，則復

〔一〕 本段以下内容爲点校者分段。

苦思如故。嘗見邵子論天地自相依附，即以此思之。因及河圖、洛書，渾天、蓋天，吾道異端不同之故，以爲格物致知之端，孰有大於此者？晝夜思之，弗得弗措也。年二十餘，始旁通古今史志、别集、詩文，皆不習而能，詩尤超邁清美。久之於周、程、張、朱之書有得，作顔淵仰高鑽堅論以自勉。是時，行省鉅公猶有尊賢敬學者，屢以書院山長之禄起先生教授江之景星、洪之東湖。考滿即歸，閉門授徒以爲養，悉取六經百氏傳注疑義千餘條，離析辯難，以致其思，不復言仕矣。始，先生嘗夢見夫子，以爲適然。既而，屢夢見之。最後乃夢夫子親授所校六經，字畫如新。其家無一畝之殖，而决意歸休，以六經絶學爲己任，蓋深有所感發也。時大德甲辰，先生年四十五矣，自是以來十餘年間，屢悟聖經隱賾之義凡數十處，而失傳之旨，以漸可通，乃作思古吟十章，極言聖人德容之盛。上達於文王、周公，以致其寤寐不忘之意。時郡守寓公猶有能敬重先生者，待先生以學校賓師之禮，月致米六斛，鈔三十千。蓋國初賢守設此以奉前代寓公之無歸者。方二親高年，陋巷破窗，不蔽風雨，先生敬共奉持，菽水驩然，如有三牲之養也。又十餘年，而二親相繼終，先生年近六十矣。數經歲大侵，家人采木實草根療飢。行部有蔡副使者，考學糧之籍，謂先生一耆儒爾，月廩太豐，削其三之二。時先生老，不復能教授，而家人輩寒飢自此始矣。當其絶食相視，默默不知所出，而先生瞑目端居，涵泳優游，未嘗少變，或與客談論終日，揖讓如平時，客不知先生未飯也。然終不爲一日降志以謀温飽，唯以聖人之心不明，經學失傳若己有罪，用是爲大戚。蓋自昔所聞儒學之士，貧窶空乏，以終其身，未有若斯甚者，而先生晏然，曾不少動其意，非有高明卓絶之見、堅苦特立之操，其孰能與於此？先生卒於至正六年，丙戌，某月某日，得年八十有七，以郡人王儀甫所歸棺斂。九江學者蓋少，先生又深自韜晦，不求聞知，唯待人接物，則無貴賤長幼〔二〕，一致其誠，故死之日，遠近聞者，莫不哀之。娶某氏子，男二，聖、予幼者早夭、女二，劉齊賢、徐可久其婿也。孫男二女一。

先生於經學，以積思自悟爲主，以自然的當不可移易爲則，故其悟也，或得諸幽閒寂寞之餘，或得諸顛沛流離之頃，或得諸疾病無聊之日，或得諸道途風雨之中。及其久也，則豁然無不貫通。自天地定位、人物未生以前，沿而下之，凡邃古之初，萬化之原，載籍

〔二〕「長幼」，四庫本闕。

所不能具者，皆昭若發蒙，如示諸掌，然後由伏羲、神農、五帝、三王以及春秋之末。其人倫之端，禮樂之本，皇道帝德、神化宜民之妙，井田區畫之初，封建自然之勢，鬼神祭祀之始，神物前民之用，起數立象之機，聲教文治之原，制作因革之漸，忠質文異尚之體，世變禮失之由，以力假仁之習，皆若身在其間，而目擊其事者。於是易、春秋傳注之失，詩、書未決之疑，周禮非聖人書之謗，凡歷代聚訟不決，數十年苦思而未通者，皆冰解凍釋，怡然各就條理。蓋由專精積久而後得之，每自以爲天開其愚，神啓其秘也。

其於易以明象爲先，以因孔子之言，上求文王、周公之意爲主，而其機括則盡在十翼，作十翼舉要。以爲「易起於數，因數設卦，因卦立象，因象起意，因意生辭，故孔子曰：『易者，象也。立象以盡意。居則觀其象而玩其辭。』聖人言易之爲教如此，易不可廢象，明矣。由象學失傳，漢儒區區掇拾凡陋，不足以得聖人之意，而王輔嗣忘象之説興，至邢和叔則遂欲忘卦棄畫。雖以近代鉅儒繼作，理學大明，而莫能奪也」。作忘象辯。「有一卦之象，有一爻之象。或近取諸身，或遠取諸物，或以六爻相推，或以陰陽消長，而爲象者學者，猶可求也。然有象外之象，則非思慮意識所能及矣，而況於立例以求之乎？李鼎祚綴輯於王氏棄擲之餘，朱子發後出而加密，丁易東繼之而愈詳，聖人立象之妙終不可見。」作象略。「象學既明，則因象以得意，因意以得辭。陰陽消長，有一定之幾。上下貴賤，有一定之分。善惡吉凶，有一定之則。位之當者，孔子無由獨言，其非，卦與爻之小者，文王、周公固不謂之大，然後知三聖人之易，一而已矣。若舍象而求，則人自爲易，不期於異而自異。」作辯同論。嘗曰：「易有八卦，有六十四卦，有三百八十四爻，有大象，有小象，有大傳繫辭，有說卦，有序卦，有雜卦，有河圖、洛書、蓍策之數。學者當隨處用工，各詣其極。至於一以貫之，而後全易見矣。」

其於春秋，以事實爲先，以通書法爲主。其大要則在考覈三傳，以求向上之工，而其脉絡則盡在左傳，作三傳義例考。以爲「春秋有魯史書法，有聖人書法，而近代乃有夏時冠周月之說，是史法與聖法俱失也」。作元年春王正月辯。又以爲「說春秋有實義，有虛辭，不舍史以論事，不離傳以求經，不純以褒貶泥聖人，酌時宜以取中，此實義也。貴王賤霸，尊君卑臣，內夏外夷，皆古今通義。然人自爲學，家自爲書，而春秋迄無定論，故一切斷以虛辭」。作筆削本旨。又作諸侯取女立子通考、魯隱公不書即位義、殷周諸侯禘祫考、周廟太廟單祭合食説、丘作甲辯。凡如是者十餘通，以明古今禮俗不同，見虛辭説經之無益。嘗曰：「説春秋，須先識聖人氣象。識得聖人氣象，則一切刻削煩碎之説，自然退聽矣。其但以爲實録而已者，則春秋乃一直史可脩，亦未爲知聖人也。」其説易有常變，而春秋則有經、有權。易雖萬變而必復於常，春秋雖用權而不遠於經，各以二義貫一經之旨。嘗曰：「易象與春秋書法廢失之由，大略相似。苟通其一，則可觸機而悟矣。蓋古者占筮之書，即卦爻取物類象，懸虛其義，以斷吉凶，皆自然之理，乃上古聖神之所爲也。文王、周公作易時，取一二立辭以明教。自九筮之法亡，凡筮人所掌者，皆不可復見，而象義隱微，遂爲歷世不通之學矣。魯史記事之法，實有周公遺制，與他國不同，觀韓宣子之言，可見聖人因魯史脩春秋，筆則筆，削則削，游、夏不能贊一辭，則必有與史法大異者。然曰其文則史，是經固不出於史也。今魯史舊文，亦不可復見，故子朱子以爲不知孰爲聖人所筆，孰爲聖人所削，而春秋書法亦爲歷世不通之義矣。」先生所謂廢失之由有相似者蓋如此。又懼夫學者得於創聞，不復致思，故所著書目雖多，皆引而不發，乃作易學濫觴、春秋指要、經旨舉略、稽古管見示人，以求端用力之方，而易春秋全解則終身未嘗脱藁示人也。其辯釋諸經要旨，則有六經補注。詆排百家異義，則取杜牧之不當言而言之意，作翼經罪言。

其論周禮，以爲「六官所掌，皆循唐、虞、夏、商已行之事。雖有因革損益，或加詳密，而大體不能相遠，非周公創爲之制也。古今風俗，事體不同，學者不深考世變，而輒指其一二古遠可疑者[二]，以爲非聖人之書，此不難辯。獨其封國之制，與孟子不合，則所當論。蓋孟子所言，因殷之制，周官乃周家之制也。計武王之興，殷諸侯尚千有餘國。既無功益地，亦無罪削邑。此當仍其舊封，百里之下爲三等。如孟子之説，乃若周公、太公有大勳勞，及其餘功臣，當封爵，與夫並建宗親，以爲藩屏，豈可限以百里之法哉！自當用周制耳。諸侯惡其害己而去其籍，是書當世學者鮮得見之，則周家一代之制，雖孟子亦有不能詳也」。其於官屬多寡之由，職掌交互之故，錯亂之説，發義尤精，其祭祀之法，則兼戴記而考之。作二禮祭祀述略、禮經復古正言。

其辯王肅混郊丘，廢五天帝，併崑崙、神州爲一祭之説，曰：「祭法，虞、夏、殷、

[二] 通志堂本、四庫本此處多一「者」字。

周皆以禘郊祖宗爲四重祭。周人禘嚳而郊稷，祖文王而宗武王。禘祭天地，以嚳配，即圜丘、方澤是也。郊祀上帝，以后稷配。建寅之月，南郊祀感生帝以祈穀也，四時祀五天帝於四郊以迎氣也。祖帝〔二〕嚳以后稷配，尊始祖之所自出也。宗祀文王於明堂，以配上帝，總配五天帝也。其後則祖文王於明堂以配五帝，宗武王於明堂以配五神。凡此皆鄭氏義也，故周禮大司樂注以圜丘、方澤、宗廟爲三禘。蓋天神、地示並始祖之所自出爲三大祭，皆五年之禘也。郊次圜丘，社次方澤，宗次祖，皆常歲所舉之祭也。東遷，土蹙、財匱，大禮遂廢，所脩唯郊社二祭，故圜丘、方澤二禘，傳記亦罕言之，非淺聞所及矣。周禮有『祀天旅上帝，祀地旅四望』之文。天地主于一，故稱祀。上帝、四望非一神，故稱旅。肅欲以圜丘爲郊，可乎？司服：王『祀昊天上帝，服大裘而冕。祀五帝，亦如之』。既曰『亦如之』，則五帝之祀與昊天上帝非一祭矣。肅欲混之，可乎？孝經稱『嚴父配天』，又稱：『郊祀后稷以配天。宗祀文王於明堂以配上帝。』易豫卦曰：『先王以作樂崇德，殷薦之上帝，以配祖考。』上帝亦天神也。肅欲廢五天帝，而以五人帝當之，可乎？

〔二〕「帝」，元刻本作「禘」，誤。據通志堂本、四庫本改。

崑崙者，地之頂；神州者，地之中，皆天地之所交也。地示主崑崙、神州，非是設此二祭，乃求神於二處，大地神靈莫測，不知神之在彼乎？在此乎？故求之於彼，亦求之於此也。康成以方澤主崑崙，北郊主神州。北郊不見于經，誤分爲二。王氏由此并崑崙、神州爲一祭，而遂謂北郊爲方澤，可乎？若鄭氏知樂九變之祭爲禘，而不言及嚳，又以爲禘小於祫，此則其失也，故斷之曰：『鄭氏深而未完，王肅明而實淺。』晉武帝，肅外孫也，故用其說，並方、圜二丘而祀南郊，歷代無所因襲，而周禮天神地示人鬼極盛之祭，遂爲古今不决之疑矣。」

其辯感生帝之說，曰：「姜嫄履帝武敏歆而生后稷，周人特爲立廟而祭，謂之閟宫。君子以爲，聖人之生異於常人，無異義也。况乎生民之初，氣化之始，五天之精，感而爲帝王之祖，亦何疑乎？五帝感生之祀，上世流傳既久，非緯書創爲之說也。且河圖、洛書蓍策之數，皆緯文也，其可盡廢乎？」

其辯胡仁仲以社爲祭地，曰：「二社以享水土穀之神，而配以勾、龍，稷非祭地也。禮：天子、諸侯、群姓百姓、大夫及庶民皆立社，故有王社、侯社、大社、國社、置社之名，其名義高下不同，如此而謂之大示之祭，可乎？殷革夏，周革殷，皆屋其社是辱之也。旱乾水溢，則變置社稷，是責之也。王者，父事天，母事地，而可責可辱乎？周禮：「王『祭社稷、五祀則希冕』。以社稷下同五祀，而用第五等之服，不得與先王、先公、四望、山川比，則社非祭地，明矣。傳曰：『戴皇天，履后土。』是后土即地也。周禮大祝、大封先告后土，大師旅、大會同宜于社，又建國先告后土，則后土非社矣。舜典：『類于上帝，禋于六宗，望于山川。』六宗者，上下四方之神，即五天帝及地也，故其祀在上帝之次、山川之前。周禮四望與五帝同兆于郊，又與祀地同玉，又與山川同祭服，則四望者，祀地之四方也。又有分樂所祭五土之示。祭地之禮，不止於方澤矣，而欲以社當之，可乎？周禮以圜丘對方澤，以天神對地示，以蒼璧禮天對黄琮禮地，以祀天旅上帝對祀地旅四望，書及禮記乃多以郊對社，蓋郊祀上帝，社祭水土之神，其禮專圜丘、方澤，徧祭天神地示，其意廣遠，分爲四祀，明矣。天地之道，高深玄遠，大神大示，不可煩瀆，故歲事祈之於郊，而水土之變則責之於社，此古人立祀深意也。胡氏家學，不信周禮，故率意立説如此。」大抵先生之意，以爲聖人制禮，遠近親疏，高下貴賤，皆有自然之序，必通其本原，而後禮意可得。蓋圜丘所祭者，全體圓轉之天，總南北極、黃赤道、日月星辰所麗者而言，故主北辰，而曰天神皆降，是總祀天神也。上帝者，高高在上之天。以其在上而爲主宰，故曰上帝；分主五方，故曰五帝；合上下四方而言，則曰六宗，皆天神之分祀者也。方澤所祭者，全體承天之地，總山陵川澤極天所覆者而言，故主崑崙，而曰地示皆出，是總祀地示也。地有四方，望其方而祀曰四望。五嶽、四瀆之祀曰山川，川澤、山林、丘陵、墳衍、原隰之祀曰五土，水土之祀曰社，皆地示之分祀者也。所謂自然之序蓋如此。

其辯趙伯循「王者禘其始祖所自出之帝於始祖之廟，以始祖配之，而不及群廟之主」。曰：「大傳：『王者禘其始祖之所自出，以其祖配之。諸侯及其太祖，大夫士有善省於其君，干袷及其高祖。』此以禘與祫對言，則禘、祫皆合祭，通上下文見之也。蓋諸侯之祫，猶天子之禘。諸侯及其大祖，大夫士及其高祖，是有廟、無廟之主皆在，而又上及其太祖、高祖，故謂之祫。天子則於七廟及祧廟之上，更及所自出之帝，故謂之禘也。若曰禘其祖之所自出而反不及有廟、無廟之主，寂寥簡短，非人情矣。故程子曰：『天子曰禘，諸侯曰祫，其禮皆合祭也。』爾雅：『禘，大祭也。』非大合昭穆，何以謂之大祭乎？字書訓釋曰：『禘者，諦也。審諦昭穆也。』若非合祭，何以有昭穆乎？蓋后稷有廟，郊既配帝，嚳雖配天而無廟，不可闕人鬼之享，故五年一禘，則后稷率有廟、無廟之主以共享於嚳，所以使子孫皆得見其祖。又以世次久遠，見始祖之功德爲尤盛也，况后稷之廟毀。廟，數十世之主皆藏焉，豈可當享嚳之時而屏置之乎？蓋禘、祫所以相亂者，由天子諸侯之制不明。先儒或推天子之禮以説諸侯，或推諸侯之禮以説天子，不知諸侯之禮有祫無禘，天子之禘禮必兼祫。雖其意不主合食，而率子孫以共尊一帝，自然當合食矣。禮曰：『天子犆礿、祫禘、祫嘗、祫烝。』則是天子祫祭隨時皆用也。」

其辯成王賜魯天子禮樂曰：「周公相成王，制禮作樂，爲天子諸侯不易之大法。身没，而王與伯禽躬爲非禮，以享周公，成王賢王，魯公賢君，必不至是。以魯頌『白牡騂剛』推之，則記禮者之過也。禘者，殷諸侯之盛祭，周公定爲不王不禘之法，故以禴代之。成王以周公有大勳勞於王室，故命魯以殷諸侯之盛禮祀周公，以示不臣周公之意，故牲用白牡。白牡者，殷牲也；騂剛者，魯公之牲也，又可見魯公以下，皆合食於大廟，而禮秩初未嘗敢同於周公。又以春秋推之，則亦非常歲之祀。成王斟酌禮意蓋如此，而非有祭文王爲所自出之禮，如或者之云也。其禘于群公之廟，則後世始僭之。然晉亦有禘，蓋文公有勳勞于王室，欲效魯禘祭而請于天子，故得用之也。若夫東周諸侯，爲所自出之王立廟，稱『周廟』，如魯與鄭是也，然止謂之『周廟』，不敢以祖廟稱之，諸侯不敢祖天子也。然則子孫亦不敢與享於廟，單祭所自出而已。祭用生者之禄，則亦用諸侯之禮而已。若魯既得禘於周公之廟，則周廟亦應用禘，禘必有配，則固宜於文王廟以周公配也。若據趙氏，則魯本無文王廟，止於周公廟祭文王，臨期立文王主與尸而祭之。此於禮意實不相似。若以爲有文王廟，則是於文王廟迎尸以入周公廟，以父就子，以尊就卑，必不然也。魯之郊大雩，則平王之世，惠公請之，是矣然[二]郊祀蒼帝，而三望雖僭，而猶未敢盡同於王室也。」蓋以魯有天子禮樂爲成王賜者，本明堂位、祭統。以爲惠公所請者，出吕氏春秋。魯、鄭周廟，晉有禘祀見左傳。先生以經證經，而折衷百氏之説多如此。

其辯説詩之失，以爲「古者重聲教，故采詩以觀所被之淺深。然今三百篇，有出於大

〔二〕「是矣然」，趙汸東山存稿卷四所引作「是以得」。

師所采者，周南、召南是也。有録於史官，而非大師所采者，豳風及周大夫所作是也。其餘諸國風，多是東遷以後之作，率皆諸國史官所自記録。方周之盛，美刺不興，漢廣、江沱諸詩，雖足見諸侯之美，而風化之原實繫於周。其後天子不能統一諸侯，諸侯善惡皆無與於周，故不以美刺，皆謂之變風，以其不繫於二南，而各自爲風也。周禮，王巡守，則大史、大師同車。又其官屬所掌，皆有世奠繫之説。方采詩之時，大師掌其事而大史録其時世。及巡守禮廢，大師不復采詩。而後諸國之詩，皆其國史所自記録，以考見風俗盛衰、政治得失。若左傳於高克之事則曰『鄭人爲之賦清人』，莊姜之事則曰『衛人爲之賦碩人』，必有所據矣。故大序曰：『國史明乎得失之迹，傷人倫之廢，哀刑政之苛，吟詠情性，以諷其上，達於事變，而懷其舊俗。』是説詩者不可不辯采詩之時世也。黍離降爲國風，此時王澤猶未竭也，故人民忠愛其君，猶能若此。其後聽者既玩，而言者亦厭，遂與之相忘，則雖國風，亦不可復見。至此，則書契以來文治之迹始剗絶矣。以時考之，國風止於澤陂，在頃王之世，當魯文公之時，故曰『王者之迹熄而詩亡』」。故説詩者尚論其世也，先生經學自得之説爲多，以其書不大傳，故掇其關於體要者著之。當是時，唯臨川吴文正公辯學正誼，盡通諸經，最爲知先生者，嘗拜集賢之命，至揚而還，養疾九江濂谿書院，見先生所著易學濫觴、春秋指要，心大善之，題其卷端曰：「楚望父之著經也，其志可謂苦矣。易欲明象，春秋欲明書法，蓋將前無古而後無今。」又得六經辨釋補注，觀之，謂學者曰：「今人無能知黄楚望者。孟子曰：『能言距楊墨者，聖人之徒也。』楚望其人乎！」亦爲序以歸之。其略曰：「楚望貧而力學，讀易、春秋、周官、禮記，爲之辯釋補注，弘綱要義，昭揭其大而不遺其小，究竟謹審，灼有真見。先儒舊説可信者，拳拳尊信，不敢輕肆臆説以相是非。用工深，用意厚。以予所見明經之士，未有能及之者也。晚年見此，寧不爲之大快乎？予歎美之不足，因以諗于學者。」蓋必於諸經沈潛反覆，然後有以見其用工之不易，用意之不苟云。然先生雅自慎重，其學未嘗輕與人言，以爲其人學不足以明聖人之心志，不以六經明晦爲己任，則雖與之言終日，無益也。學士李公溉之使還過九江，請先生於濂谿書院，會寓公縉紳之士，躬定師弟子禮，假舘廬山，受一經之學，又將經紀先生家，爲子孫計。先生謝曰：「以君之才，輟期歲之功，何經不可明？然亦不過筆授其義而已。若予，則於艱苦之餘，乃能有見。吾非邵子，不敢以二十年林下期君也。」李學士爲之歎息而去。或謂先生：「幸經道已明於己，而又闕於人，如此豈無不傳之懼乎？」先生曰：「聖經興廢，上關天運。子以爲區區人力所致乎？」德化縣令王君子翼，請刊補注，藏先生家，先生猶慎重之，非其人不傳也。荐經寇亂，故宅爲墟，遺書之存者，鮮矣。悲夫！先生寧使其學不傳於後，終不肯自枉以授諸人，是故能以數十年之勤，盡究諸經於闕塞之餘，而不能使聖人之心大明於天下後世，蓋其道若是也，豈非天乎？昔者吾夫子贊易，删詩，定書，正禮、樂，脩春秋，將以爲百王大典，遭秦焚書滅學，帝王經世之法遂斬然滑絶於斯時。蓋自開闢以來，宇宙横分一大變也。鄭康成當專門固陋之世，以一家之學，纂釋群經，具著成説。孔穎達考覈百家，大明鄭義，雖於聖人之道無聞，而博古窮經，斯以勤矣。自是四百餘年，習爲定論。至宋，清江劉原父始以聰明博洽之資，據經考禮，欲盡排周秦以來傳注之失。宋代經學之盛，劉公實張之，而説者日新矣。及子朱子出，而群言有所折衷，遂定于一，猶吾夫子之志也，然朱子於易，簡其辭，微其義，將使學者皆得自致於經。晚歲猶拳拳禮學而弗克論著。其成書貴闕疑，而又深疑古今文之異體。春秋獨得書法廢失之由，折衷諸傳，各極其當矣。而門人學者，於二經師説，不能有所發明，故君子論古今經注，以爲自朱子詩集傳之外，俱不無遺憾也。先生乃欲以近代理明義精之學，用漢儒博物考古之功，加以精思没身而止，此蓋吴公所謂前無古而後無今者也。嗚呼！其遂不傳也與。

汸始拜先生于其門，請問治經之要。先生念其遠來，不以爲不可教，告之曰：「在致思而已。然不盡悟傳注之失，則亦不知所以爲思也。」請問致思之道，先生曰：「當以一事爲例。禮：『女有五不娶，其一爲喪父長子。』注曰：『無所受命。』近代説者曰：『蓋喪父而無兄者也。』女之喪父無兄者多矣，何罪而見絶於人如此？其非先王之意，明矣。姑以此思之，或二三年，或七八年，倘得其説，則知先儒説經，其已通者，未必皆當，其未通者，未嘗不可致思也。」汸退而思之，女之喪父無兄者，誠不當與逆、亂、刑、疾之子同棄于世，久之，乃得其説，曰：「此蓋宋桓夫人、許穆夫人之類爾。故曰無所受命。」注猶未失也。若喪父而無兄，則期功之親皆得爲之主矣。嘗以質于先生，先生曰：「子能如是求之，甚善。然六經疑義若此者，衆矣。當務完養而慎思之，毋輕發也。」遂授以求春秋之要，曰：「楚殺其大夫得臣，此書法也，當求之於二百四十二年之内。夫人姜氏如齊師，此書法也，當求之於二百四十二年之外。」汸思之經歲，不得其説，先生爲易置其語曰：「夫人姜氏如齊師，此書法也，當求之於二百四十二年之内。楚殺其大夫得臣，此書法也，當求之於二百四十二年之外。」汸蓋自是始達春秋筆削之權，乃知先生於六經之學，以其所自得而教人者蓋如此，惟易所謂象外之象，則有不可得而盡聞者。嗚呼！悲夫！有遺恨矣，謹述先生世家文行大槩，與其經學復古之功如右，伏惟立言君子，以當世斯文爲己任者，尚克表章之。

至正十有二年，十有一月，朔，學生新安趙汸狀。

春秋師説跋[一]

春秋趙氏集傳十五卷，屬辭十五卷，左氏傳補注十卷，師説三卷，皆居敬所校定。始，資中黄先生以六經復古之説設教九江，嘗謂近代大儒繼出，而後朱子四書之教大行，然周易、春秋二經，實夫子手筆，聖人精神心術所存，必盡得其不傳之旨，然後孔門之教乃備。每患二經，學者各以才識所及求之，苟非其人，雖問弗答。其所告語，亦皆引而不發，姑使自思，是以及門之士，鮮能信從領會者，而當世君子，亦莫克知之。唯臨川吴文正公獨敬異焉。趙先生始就外傳受四書，即多疑問，師答以「初學毋過求」，意殊不釋。夜歸别室，取朱子大全集、語類等書讀之，如是者數年，覺所疑漸解，慨然有負笈四方之意，乃往九江見黄先生，稟學焉，盡得其所舉六經疑義千餘條以歸，所輯春秋師説蓋始於

[一] 題目爲整理者所加。

此。嘗往淳安質諸教授夏公，夏公殊不謂然，乃爲言其先君子安正先生爲學本末甚悉。久之，先生復念黄先生高年，平生精力所到，一旦不傳，可惜也。復如九江。黄公乃授以學春秋之要。居二歲，請受易，得口授六十四卦卦辭大義。後夏公教授洪都，先生再往見焉。夏公問：「易象、春秋書法如何？」先生以所聞對。夏公猶以枉用心力爲戒，特出其夏氏先天易書曰：「此羲易一大象也。」又曰：「吾先人遺書當悉付子矣。」先生敬起謝之。然於二經舊説，訪求考索，未嘗少後也。遂如臨川，見學士雍郡虞公。公與黄先生有世契，一見，首問黄公起居。先生問日爲言黄先生著書大意，與夏公所以不然者。時江西憲私試請題，虞公即擬策，問江右先賢名節、文章、經學及朱陸二氏立教所以異同。先生識其意，即具對，卒言劉侍讀有功聖經，及舉朱子去短集長之説。虞公大善之，授館於家，以所藏書資其玩索。袁公誠夫，吴文正公高第弟子也，集其師説爲四書日録，義多與朱子異，求先生校正其書，先生悉擿其新意，極論得失異同，與誠夫〔一〕袁公多所更定。至論春秋，則確守師説不變，先生亦以所得未完，非口舌可辨，自是絶不與人談。嘗以爲春

〔一〕「異同與誠夫」，元刻本、通志堂本闕，據四庫本補。

秋名家數十，求其論筆削有據依，無出陳氏右者，遂合杜氏考之，悉悟傳注得失之由，而後筆削義例觸類貫通，縱横錯綜，各有條理，此左氏傳補注所由作也。既歸故山，始集諸家説有合於經者爲春秋傳，又恐學者梏於舊聞，因陋就簡於交互之義，未能遽悉，乃離經析義，分爲八類，辨而釋之，名曰春秋屬辭。蓋集傳以明聖人經世之志，屬辭乃詳著筆削之權。二書相爲表裏，而春秋本旨焕然復明，然後知六經失傳之旨，未嘗不可更通。黄先生有志而未就者，庶可以無憾！惜乎，書成而黄先生與諸公皆謝世久矣。雖然，習實生常，雖賢者不能自免，黄先生力排衆説，創爲復古之論，使人思而得之，其見卓矣！使非先生早有立志，公聽並觀，潛思默識，自任不回，則亦豈能卒就其業也哉？

當先生避地古朗山時，居敬與妻姪倪尚誼實從，山在星谿上游，高寒深阻，人迹幾絶，故雖疾病隱約，而覃思之功日益超詣。有不自知其所以然者，因得竊聞纂述之意，與先難後獲之由，乃備述其説于末簡，庶有志是經者，毋忽焉。其夏氏先天易説，先生嘗以質諸虞公，虞公復以得於前輩者授之，於是遂契先天、内外之旨，而後天上下經卦序，未易知也。嘗得廬陵蕭漢中氏易説，以八卦分體論上下經，所由分與序卦之意如示諸掌。然上無徵於羲皇成卦之序，下無考於三聖彖象之辭，則猶有未然者。及春秋本旨既明，乃悟文王據羲皇之圖以爲後天卦序，采夏商之易以成一代之經，蓋與孔子因魯史作春秋無異，然後知黄先生所謂周易、春秋經旨廢失之由有相似者，蓋如此，故以思古吟等篇，及行狀附于師説之後，庶幾方來學者有所感發云爾。學生金居敬謹識。〔二〕

〔二〕「學生金居敬謹識」，元刻本無，據四庫本、通志堂本補。

跋[一]

海寧商山義塾承。

總製官和陽王公命以趙子常先生春秋集傳、屬辭等書，能發聖經不傳之秘，下本塾刻梓以廣其傳。自庚子迄癸卯，會計廩膳賦輸之餘，謄本鳩工。甲辰春，縣主簿張君梟復奉命勾考出入而督其竣事，於是春秋屬辭十有五卷與序目俱完，可模印乃若。

總製公尊經敬學之意宜與是書俱傳云。商山諸生汪文拜手謹識。

海寧趙月卿刊

胡仲永重脩

〔一〕 題目爲整理者所加。

春秋師說提要

臣等謹按春秋師説三卷，元趙汸撰。汸嘗師九江黄澤。其初一再登門，得六經疑義十餘條以歸。已復往，留二載，得口授六十四卦大義與魯春秋之要，故題曰「師説」，明不忘所自也。汸作左傳補注序曰：「黄先生論春秋學，以左丘明、杜元凱爲主。」又作澤行狀，述澤之言，曰：「説春秋，須先識聖人氣象，則一切刻削煩碎之説，自然退聽。」又稱：「嘗考古今風俗之不同，爲文十餘通，以見虚詞説經之無益。」蓋其學有本原，而其論則持以和平，多深得聖人之旨。汸本其意，類爲十一篇。其門人金居敬又集澤思古十吟與吴澂二序及行狀，附録于後。行狀載澤説春秋之書有：元年春王正月辨、筆削本旨、諸侯取女立子通考、魯隱不書即位義、殷周諸侯禘祫考、周廟太廟單祭合食説、作丘甲辨、春秋指要。蓋即所謂爲文十餘通者。朱彝尊經義考又載有三傳義例考。今皆不傳，惟賴汸此書，尚可識黄氏之宗旨，是亦讀孫覺之書，得見胡瑗之義者矣。乾隆四十一年五月恭校上。

總纂官　臣　紀昀、臣　陸錫熊、臣　孫士毅

總校官　臣　陸費墀